Igreja sinodal
E DESAFIOS ATUAIS

Mario de França Miranda

Igreja sinodal
E DESAFIOS ATUAIS

Edições Loyola

Dados Internacionais de Catalogação na Publicação (CIP)
(Câmara Brasileira do Livro, SP, Brasil)

Miranda, Mario de França
    Igreja sinodal e desafios atuais / Mario de França Miranda. -- São Paulo : Edições Loyola, 2023. -- (Eclesiologia)

    Bibliografia.
    ISBN 978-65-5504-327-3

    1. Eclesiologia 2. Povo de Deus 3. Teologia cristã 4. Vida cristã I. Título. II. Série.

23-182343   CDD-230

Índices para catálogo sistemático:
1. Teologia cristã   230

Tábata Alves da Silva - Bibliotecária - CRB-8/9253

Preparação: Mônica Glasser
Capa: Ronaldo Hideo Inoue
    Composição da ilustração de © abstract
    sobre fundo de © Maryna Stryzhak.
    © Adobe Stock.
Diagramação: Telma Custódio

Edições Loyola Jesuítas
Rua 1822 nº 341 – Ipiranga
04216-000 São Paulo, SP
T 55 11 3385 8500/8501, 2063 4275
editorial@loyola.com.br
vendas@loyola.com.br
www.loyola.com.br

Todos os direitos reservados. Nenhuma parte desta obra pode ser reproduzida ou transmitida por qualquer forma e/ou quaisquer meios (eletrônico ou mecânico, incluindo fotocópia e gravação) ou arquivada em qualquer sistema ou banco de dados sem permissão escrita da Editora.

ISBN 978-65-5504-327-3

© EDIÇÕES LOYOLA, São Paulo, Brasil, 2023

Sumário

Lista de siglas 7
Prefácio 9

UMA IGREJA SINODAL

Espírito Santo e sinodalidade 13
    Introdução 13
    I. O Povo de Deus como destinatário primeiro da salvação de Deus 16
    II. A ação do Espírito Santo no Povo de Deus 20
    III. Uma Igreja sinodal? 27

A dialética humano-divina na sinodalidade eclesial 35
    I. A realidade humano-divina do cristianismo 37
    II. A dialética humano-divina no evento sinodal 41
    III. O imperativo do discernimento no processo sinodal 45

Sentir numa Igreja sinodal 51
    Introdução – Uma Igreja sujeita a contínuas transformações 51
    I. A sinodalidade eclesial e sua fundamentação 54
    II. A sinodalidade como desafio 59
    III. A importância e a necessidade do discernimento 63
    IV. Sinodalidade e discernimento 67

Igreja una na diversidade 71
    I. O desafio do momento histórico que vivemos 71

II. A historicidade da fé cristã 72
III. A diversidade na unidade da fé 74
IV. A Igreja como sacramento da salvação de Deus 75
V. O papa como guardião e símbolo da unidade eclesial 77
VI. Sentir com a Igreja 78

DESAFIOS ATUAIS

Evangelização e instituições confessionais hoje 83
   Introdução 83
   I. Um novo enfoque na pastoral 86
   II. Jesus Cristo e o Reino de Deus 87
   III. A distinção entre fé e religião 89
   IV. A missão da Igreja 91
   V. O humanismo cristão 93
   VI. O cristianismo como realidade simbólica 95
   VII. A tarefa missionária em nossos dias 97
   VIII. Uma estratégia pastoral 99

A alegria do amor e a maioridade cristã 103
   Introdução 103
   I. O institucional na Igreja 106
   II. A ação do Espírito Santo na Igreja 107
   III. Maioridade na vivência da fé cristã 110
   Considerações finais 112

Fraternidade: uma noção universal? 115
   I. A religião como um fenômeno complexo 117
   II. O Espírito Santo como fator universalizante do cristianismo 120
   III. A noção de fraternidade 123
   IV. Reflexão final 127

Fé cristã e cultura virtual 133
   I. O cristianismo é todo ele virtual 134
   II. A atual cultura virtual 139
   III. Cristianismo e cultura virtual 141

Bibliografia 149

Lista de siglas

AA   *Apostolicam Actuositatem*. Decr. do Conc. Vaticano II sobre o Apostolado dos Leigos (1965)
AG   *Ad Gentes*. Decr. sobre a Atividade Missionária da Igreja (1965)
AL   *Amoris Laetitia*. Exortação Apostólica do Papa Francisco (2016)
CA   *Centesimus Annus*. Encíclica Social de João Paulo II (1991)
CELAM   Conselho Episcopal Latino-Americano
CV   *Christus Vivit*. Exortação Apostólica Pós-Sinodal do Papa Francisco (2019)
DAp   Documento de Aparecida (2007)
DH   *Dignitatis humanae*. Decl. sobre a Liberdade Humana (1965)
DV   *Dei Verbum*. Constituição Dogmática sobre a revelação divina (1965)
EE   *Exercícios Espirituais*. Inácio de Loyola
EG   *Evangelii Gaudium*. Exortação Apostólica do Papa Francisco (2013)
FC   *Familiaris Consortio*. Exort. Ap. Pós-Sinodal de João Paulo II (1980)

FT	*Fratelli Tutti*. Carta Encíclica do Papa Francisco (2020)
GS	*Gaudium et Spes*. Const. Pastoral sobre a Igreja no Mundo Atual (1965)
LG	*Lumen Gentium*. Const. Dogmática do Conc. Vaticano II sobre a Igreja (1964)
MV	*Misericordiae Vultus*, Bula de Proclamação do Papa Francisco (2015)
PF	*Porta Fidei*, Carta Apostólica de Bento XVI (2011)
PO	*Presbyterorum Ordinis*. Decr. sobre o Ministério e Vida dos Presbíteros (1965)
RM	*Redemptoris Missio*. Encíclica missionária de João Paulo II (1990)
SC	*Sacrosanctum Concilium*. Const. sobre a Sagrada Liturgia (1963)

Prefácio

Para quem conhece a história da Igreja, não surpreendem as mudanças em curso nos nossos dias. Pois, diante de novas situações sociais, de novos contextos vitais ou de novas linguagens, a Igreja procurou sempre se transformar para melhor desempenhar sua missão de proclamar e realizar o Reino de Deus, mantendo assim viva na história a missão do próprio Jesus Cristo. Todos nós somos Igreja, todos nós somos Povo de Deus, todos nós estamos incumbidos da missão de Cristo. Naturalmente essa verdade inaugura uma nova época na Igreja, que acarreta o fim de um laicato passivo diante da liderança ativa e exclusiva do clero, tal como se deu no passado.

Essa nova configuração eclesial foi provocada pelos estudos bíblicos, pelo maior conhecimento da riqueza teológica presente nos Santos Padres e também por uma postura mais crítica diante do que era então transmitido. Outro fator teve também seu peso: sendo os membros da Igreja também membros da sociedade civil, foram eles inevitavelmente atingidos pelas transformações da mesma, digam elas respeito a mentalidades, imaginário social, instituições, ou mesmo pelos novos desafios existenciais e culturais. Presenciamos, assim, o fim da época da cristandade, com a emergência de uma sociedade não mais cristã, mas simplesmente pluralista, secularizada, e com forte emergência da subjetividade de cada cidadão, infelizmente degenerada num individualismo dominante em nossos dias. Esse quadro de fundo explica o teor dos textos aqui apresentados, relacionados a uma Igreja que reage a essa situação pela participação ativa de seus membros, não só no ensino doutrinal ou na atividade pastoral, mas também no próprio governo da comunidade. O termo "sínodo", enquanto evoca um caminhar juntos, que significa um agir juntos numa instituição missionária, resume bem o que vem sucedendo na Igreja. Constitui o que na primeira parte será abordado a partir de diversas perspectivas.

Inicialmente, enfatiza-se a decisiva importância do Espírito Santo na fundamentação e na execução efetiva da sinodalidade eclesial. Em seguida, explicita-se a diversidade presente na Igreja, que deve ser acolhida numa perspectiva sinodal, pelo simples fato de a Igreja ser uma realidade humano-divina. Num terceiro capítulo, examina-se como uma sintonia do fiel com a Igreja é fator importante no exercício da sinodalidade. Finalmente, de modo conciso, avalia-se como a diversidade não rompe a unidade eclesial, observados certos pressupostos.

A segunda parte se limita a tratar de alguns desafios atuais à Igreja, a serem respondidos igualmente numa perspectiva sinodal, a saber, com a participação e a colaboração de todos. Começamos pela questão atual da evangelização em instituições confessionais, que abrigam membros de religiões e culturas diversas. O tema seguinte fala da maioridade cristã pressuposta na Encíclica do Papa Francisco, sobre a alegria do amor. Em seguida se aborda o importante tema da fraternidade universal num mundo tão diverso e dividido. Finalmente, o desafio da realidade da cultura virtual para a Igreja é exposto de modo breve.

Uma Igreja sinodal

Espírito Santo e sinodalidade

Introdução

Vivemos anos difíceis, caracterizados como uma "mudança de época", que atinge a sociedade e também a Igreja[1]. As rápidas e sucessivas transformações da sociedade constituem desafios para uma Igreja que conserva mentalidades, práticas e estruturas do passado, o chamado "tempo da cristandade". Sua mensagem perdeu força porque sua pregação, suas celebrações, sua doutrina pouco dizem para muitos de nossos contemporâneos, que manifestam uma indiferença tranquila com relação à religião. Entretanto, nota-se nas gerações mais jovens certa busca por experiências de cunho místico, a indicar que a inquietação pelo sentido da vida persiste, embora não satisfeito pelas instituições religiosas.

Vivemos também numa cultura que valoriza a subjetividade, enaltece a liberdade e fomenta a criatividade diante da avalanche de novas problemáticas que tornam caducas referências

---
1. KAUFMANN, F.-X., *A crise na Igreja. Como o cristianismo sobrevive?* São Paulo, Loyola, 2013.

tradicionais e valores consagrados. Desde o século IV, de um modo geral, somente as autoridades tinham voz e vez na Igreja, relegando assim os cristãos e as cristãs à condição de um rebanho passivo e obediente. A opção livre e consciente, própria do ato de fé, presente nos primeiros séculos do cristianismo, cede lugar ao pertencimento eclesial pelo país do nascimento. A organização social da comunidade cristã irá refletir as instituições encontradas numa sociedade fortemente hierarquizada, com uma população carente de formação, pouco participativa e temerosa das consequências civis decorrentes da desobediência às autoridades religiosas. Desse modo, o clero constitui uma instância de poder, justificada teologicamente até nossos dias com o quase desaparecimento da noção neotestamentária de serviço (*diaconia*). Neste tempo, a sobrevivência da Igreja como religião oficial se deveu mais à sua aliança com o poder civil do que à força convincente de sua mensagem, o que explica também sua atual crise numa sociedade pluralista.

Poderíamos ainda acrescentar como fatores da atual crise: a prevalência do fator organizacional e institucional em detrimento da fé vivida, da liberdade cristã e da experiência religiosa pessoal; o primado de uma ordem estática, com suas leis e normas morais bem fixadas; uma sacralização do ministério eclesiástico; uma ausência de participação ativa por parte do laicato[2]; uma ignorância do que significa ser batizado; uma deficiente valorização da Igreja como a comunidade dos fiéis; um silêncio sobre a realidade de mistério inerente às verdades e às práticas cristãs; igualmente um silêncio sobre o caráter escatológico das mesmas. Portanto, cabe à Igreja repensar seu modo de atuar, de se apresentar e, sobretudo, de ser comunidade de fiéis[3].

---
2. GRESHAKE, G., *Kirche wohin? Ein real-utopischer Blick in die Zukunft*, Freiburg, Herder, 2020, 25-53.
3. ROUET, A., *J'aimerais vous dire*, Paris, Bayard, 2009, 211.

No fundo, essa situação pede uma mudança na *configuração eclesial*, como já aconteceu no passado diversas vezes, devido às transformações ocorridas na sociedade. Em sua verdade teológica, a Igreja permanece a mesma, mas seu modo de ser e de atuar pode mudar, respondendo às exigências próprias de cada época. As Igrejas, das catacumbas, do renascimento ou mesmo dos nossos dias, diferem morfologicamente, embora todas elas constituam a mesma Igreja[4], por ser uma realidade complexa, e não apenas espiritual, divina e humana (LG 8), de tal modo que pode configurar seus próprios constitutivos em função dos desafios a sua missão. Aqui se situa a raiz da crise atual. Herdamos uma Igreja configurada no passado e sem significado e força social em nossos dias.

O esforço por uma nova configuração já teve início na metade do século passado, concretizou-se no Concílio Vaticano II, experimentando avanços e recuos nos anos seguintes, até encontrar no Papa Francisco um persistente batalhador por uma reforma eclesial que se fazia necessária[5]. A recuperação e a consequente valorização da noção de "comunhão" repercutirão em diversos âmbitos da própria Igreja: colegialidade episcopal, tradição viva, participação efetiva do laicato, ecumenismo, liturgia, para citar alguns. De certo modo, a noção de "sinodalidade" sintetiza e concretiza muitos aspectos da Igreja como comunhão. Por isso mesmo se revela uma noção ampla e polissêmica, aberta a diversas perspectivas de leitura, que conta já com uma abundante bibliografia[6].

Nossa reflexão se limitará a confrontar o tema da sinodalidade com a atuação do Espírito Santo na Igreja. Seu dinamismo

---
4. FRANÇA MIRANDA, M., *A Igreja numa sociedade fragmentada*, São Paulo, Loyola, 2006, 128-139.
5. KASPER, W., El Vaticano II. Intención, recepción, futuro, *Revista Teología*, n. 117, 52 (2015), 95-115.
6. SPADARO, A.; GALLI, C. M. (eds.), *La riforma e le riforme nella Chiesa*, Brescia, Queriniana, 2016; ASSOCIAZIONE TEOLOGICA ITALIANA, *Chiesa e sinodalità*, Milano, Glossa, 2007.

não só está na base da própria realidade eclesial, como também impulsiona a evolução que a mantém viva e significativa ao longo da história. Pois não podemos negar uma racionalização da fé cristã[7], um enquadramento jurídico exagerado e um discurso moral hipertrofiado, que aponta para um déficit pneumatológico na Igreja ocidental.

Nossa reflexão terá por objetivo apresentar e justificar o que poderíamos caracterizar como uma *sinodalidade básica*, que abarca todos os membros da Igreja, destacando a ação do Espírito Santo em todo o Povo de Deus, e as sérias consequências daí decorrentes. Duas verdades de fé serão decisivas neste estudo. Primeiramente, *todo o Povo de Deus* é o destinatário primeiro do desígnio salvífico de Deus, com a missão de proclamar e realizar o Reino de Deus. A segunda verdade básica diz respeito à *ação contínua do Espírito Santo* em todos os membros deste Povo de Deus, iluminando e estimulando não só sua fé, mas também as práticas dela decorrentes. Posta a fundamentação teológica dessa sinodalidade básica, abordaremos numa parte posterior como poderá se configurar no futuro uma *Igreja realmente sinodal* e as *condições* requeridas para que essa sinodalidade básica se torne uma realidade na Igreja.

I. O Povo de Deus como destinatário primeiro da salvação de Deus

Conhecemos as raízes veterotestamentárias da noção de Povo de Deus, baseada na eleição, manifestada na aliança no

---

7. Não podemos deixar de mencionar certa "ontologização" das verdades da fé que perdem tanto sua característica *escatológica* quanto sua intrínseca dimensão de *mistério*, inevitavelmente expresso em *símbolos reais* da fé captados pela ação do Espírito Santo. Consegue o católico médio ultrapassar o rito da missa e chegar à realidade aí expressa? O ato de fé não se detém no enunciado, mas tende para a realidade do mistério, como já afirmava Tomás de Aquino. Quando alguém nos aponta a lua, olhamos para seu dedo ou para a lua?

Sinai e destinada a toda a humanidade[8]. Essa noção foi gradualmente acolhida pelos primeiros cristãos, que se consideravam o Novo Povo de Deus, dotado de características próprias: protagonismo de todos, igualdade de todos, prévia a funções e carismas, a consciência comum de pertença, a dignidade de um povo santo, consagrado e sacerdotal (1Pd 2,7-10). Sua missão como instrumento salvífico de Deus se realizava, sobretudo, pela pregação e pelo testemunho de vida. A história nos ensina que mais tarde essa noção sofrerá uma mudança de significado e designará no cristianismo o "povo cristão", distinto da hierarquia, reduzido à passividade e privado de sua característica de consagrado e de sua missão messiânica; fato que, infelizmente, perdurará por séculos.

Por ocasião do Concílio Vaticano II, foi decisivo para o nosso tema o caloroso debate inicial, que acabou por rejeitar o esquema proposto pela Comissão Preparatória, a qual priorizava e partia da hierarquia, e não de toda a Igreja[9]. "Aprouve, contudo, a Deus santificar e salvar os homens não singularmente, sem nenhuma conexão uns com os outros, mas constituí-los num povo, que o conhecesse na verdade e santamente o servisse" (LG 9). Portanto, é *toda a Igreja* que se acha incumbida de levar adiante na história o projeto de Deus para a humanidade, a proclamação e a realização do Reino de Deus, do qual ela é sacramento (sinal) e instrumento.

Entretanto, o uso do termo "sacerdócio" no passado influenciou o texto conciliar, ao tratar do *modo* como o Povo de Deus exerce sua missão: "Os fiéis, no entanto, em virtude de seu sacerdócio régio, concorrem na oblação da Eucaristia e o exercem

---
8. LOHFINK, G., *Deus precisa da Igreja? Teologia do Povo de Deus*, São Paulo, Loyola, 2008, 50-79.
9. G. Lafont indica como razões para o esquema hierarquia–vida religiosa–laicato: uma visão negativa do mundo dominado pelo pecado, a revelação feita aos apóstolos e confiada a seus sucessores e a formação insuficiente da maioria do laicato no passado. Ver *L'Église en travail de reforme*, Paris, Cerf, 2011, 104-107.

na recepção dos sacramentos, na oração e ação de graças, pelo testemunho de uma vida santa, pela abnegação e pela caridade ativa" (LG 10). Daí a necessidade da afirmação de que ambos os sacerdócios (ministerial e comum) diferem essencialmente e não só gradualmente (LG 10). Todavia, a *missão comum* do sacerdócio ministerial e do sacerdócio não ordenado de realizar o Reino de Deus poderia ser mais enfatizada no texto conciliar.

De qualquer modo, o Concílio retorna assim à tradição das comunidades neotestamentárias e à Igreja primitiva, que reservava o termo "sacerdócio" a Jesus Cristo e ao Povo de Deus até o século III. Esse sacerdócio se concretiza na oração, no louvor, na oferta de si, no testemunho de vida, na verbalização das razões da esperança cristã, no compromisso ativo com a missão de Cristo. Essa teologia fundamenta a participação, a corresponsabilidade e o protagonismo de *todos* na Igreja e em sua atividade evangelizadora[10].

A missão em vista do Reino de Deus é tarefa de todos os membros, como afirma o Decreto sobre o Apostolado dos leigos (AA 2), não por delegação ou mandato da hierarquia, mas do "próprio Senhor", por força do batismo (AA 3; LG 33). Portanto, não se limitam a repetir a hierarquia, mas gozam de capacidade própria fundamentada no testemunho de vida, no sentido da fé e na força da palavra (LG 35). Enquanto experimentam a complexa sociedade atual, são imprescindíveis para a Igreja (AA 1). Entretanto, a recepção da atividade do laicato foi apenas parcialmente recebida no Código de Direito Canônico, que simplesmente omite o direito e o dever dos leigos/as de exercer seus carismas[11], embora outros setores da vida eclesial sejam valorizados. Também sua participação no *munus regendi* não recebe

---
10. Estrada, J. A., art. Pueblo de Dios, in: Ellacuría, I; Sobrino, J. (ed.), *Mysterium Liberationis II*, Madrid, E. Trotta, 1994, 185.
11. Corecco, E., La récéption de Vatican II dans le Code de Droit Canonique, in: Alberigo, G.; Jossua, J.-P. (eds.), *La réception de Vatican II*, Paris, Cerf, 1985, 350.

a menção que tiveram o *munus docendi* (cânon 759) e o *munus santificandi* (cânon 835), pois acena com uma colaboração apenas com voto consultivo (cânon 129, §2).

Desse modo, a importante contribuição do laicato à vida e à pastoral da Igreja se encontra muito limitada. As iniciativas possíveis no âmbito da pregação e da santificação podem levar o laicato a certa *clericalização*, como observam alguns teólogos[12]. De qualquer modo, os textos conciliares não ofereceram as correspondentes estruturas institucionais que possam torná-los realidade[13]. Todavia, não se pode negar que do Vaticano II aos nossos dias houve, com idas e vindas, um progresso nessa questão, como podemos inferir do Documento de Aparecida, que pleiteia tanto mudança de mentalidade, especialmente do clero (DAp 213), quanto a supressão de estruturas ultrapassadas (DAp 365). Esse documento pede maior espaço de participação do laicato na elaboração de projetos pastorais (DAp 213) e na tomada de decisões (DAp 371), confiando-lhe ainda ministérios e responsabilidades (DAp 211), objetivo esse que exige séria mudança de mentalidade na Igreja, sobretudo na hierarquia (DAp 213). E não só de mentalidade, pois essa doutrina deve ser expressa em termos jurídicos, que representa realmente um sério problema, sobretudo no que se refere a tomadas de decisão[14].

O desígnio salvífico de Deus, endereçado a toda a Igreja e afirmado no Concílio Vaticano II (LG 9), será reafirmado pelo papa Francisco, pois Deus, para se unir aos seres humanos,

---

12. Borras, A., La régulation canonique des ministères confiés à des laics, in: Routhier, G.; Villemin, L. (dir.), *Nouveaux apprentissages pour l'Église. Mélanges en honneur de Hervé Legrand*, Paris, Cerf, 2006, 377-399.
13. Turbanti, G., Knotenpunkte der Rezeption von *Gaudium et Spes* und *Apostolicam Actuositatem*. Theologische Forschungsaufgaben, in: Hünermann, P., *Das Zweite Vatikanische Konzil und die Zeichen der Zeit heute*, Freiburg, Herder, 2006, 326s.
14. Wijlens, M., The Doctrine of the People of God and the hierarchical Authority as Service in Latin Church Legislation on the local Church, *The Jurist* 68 (2008) 328-349. A autora distingue, nesta questão, "decision making" de "choice making", na p. 345, nota 36.

"escolheu convocá-los como povo, e não como seres isolados" (EG 113). Daqui, tira ele algumas consequências: afirma o *sensus fidei* da totalidade dos fiéis (EG 119), o fato de que todos são sujeitos ativos na evangelização (EG 120), bem como o valor da piedade popular (EG 122). Posteriormente, num discurso programático, proferido por ocasião do 50° aniversário da instituição do Sínodo dos Bispos, o papa irá enfatizar verdades decorrentes da opção divina por um povo, justificando a consulta prévia ao Povo de Deus, enfatizando que a Igreja deve saber escutar a todos e utilizando a imagem da pirâmide invertida[15].

II. A ação do Espírito Santo no Povo de Deus

O cristianismo, em sua vertente ocidental, se deixou configurar, devido a razões históricas que não trataremos explicitamente, por um forte predomínio da *razão*, por dispor de inteligências superiores e farto material teórico, e também por uma forte influência da área *jurídica*, numa época em que os poderes civil e religioso se encontravam em luta[16]. Consequentemente a presença ativa do Espírito Santo na construção e na vida da Igreja, mais valorizada na tradição oriental, não recebeu seu devido reconhecimento.

Ao afirmarmos ser a Igreja uma "comunidade de fiéis", então o Espírito Santo não só está nela presente, mas também constitui, propriamente falando, a sua alma. Isso porque, sem a ação do Espírito Santo, simplesmente não haveria fé em Jesus Cristo (1Cor 12,3) nem seríamos capazes de acolher a palavra da pregação, como indica o episódio de Lídia (At 16,14), confirmado no Vaticano II (DV 5). De fato, o Espírito Santo nos possibilita invocar a Deus como Pai (Rm 8,15s), ter esperança na

---
15. *Documentation Catholique*, n. 2521 (jan. 2016) 75-80. Ver CATELAN, A. L., A sinodalidade no magistério do Papa Francisco, *Atualidade Teológica*, v. 22, n. 59 (maio/ago. 2018) 390-404.
16. LAFONT, G., *Imaginer l'Église Catholique*, Paris, Cerf, 1995, 49-73.

vida eterna (Rm 8,11) e formar um só corpo, pois batizados num mesmo Espírito (1Cor 12,13). Nossa vida cristã é impulsionada pelo Espírito (Gl 5,25), que fundamenta a comunhão de todos os membros da Igreja (2Cor 13,13), por participarem todos no mesmo Espírito (genitivo objetivo), e faz da mesma um "templo do Espírito Santo" (1Cor 3,16s; 2Cor 6,16). Como no passado houve uma separação entre a antropologia cristã e a eclesiologia[17], cabe-nos enfatizar sua ação em vista de *toda a Igreja*. De fato, seus destinatários aparecem sempre no plural (Jo 14,16), tornam-se capacitados a interpretar corretamente o evento Jesus Cristo[18] e a participarem devidamente das celebrações sacramentais, enquanto sinais captados e acolhidos na fé, de tal modo que a *epiclese* não se encontra só na eucaristia, mas também em todas as ações salvíficas da Igreja que são, sem mais, epicléticas[19]. Daí a afirmação de Y. Congar: "A Igreja não foi fundada somente na origem: Deus a *constrói ativamente sem cessar*. Essa é uma ideia expressa em 1Cor 12."[20]

O elenco dos carismas apresentados por Paulo (1Cor 12; 14) atesta que a ação do Espírito Santo se realiza em consonância com a realidade própria de cada cristão, e não num vazio antropológico. Primeiramente porque o dom do Espírito aproveita e direciona as qualidades pessoais e, naturalmente, toda a experiência de cada um em sua vida familiar, profissional, social etc. Carismas são o que poderíamos caracterizar como dons naturais vividos numa perspectiva cristã, desde que não separemos, como no passado, o âmbito da criação do âmbito da salvação. Em seguida observemos que tais pessoas são membros de uma comunidade eclesial missionária. Portanto, esses carismas devem estar *a serviço* da edificação da comunidade e de

---
17. GROPPE, E. T., The Contribution of Yves Congar's Theology of the Holy Spirit, *Theological Studies* 62 (2001) 452-456.
18. CONGAR, Y., *A Palavra e o Espírito*, São Paulo, Loyola, 1989, 45.
19. Id., *Je crois en l'Esprit Saint III*, Paris, Cerf, 1980, 343-351.
20. Id., *A Palavra e o Espírito*, op. cit., 94.

sua irradiação missionária. E finalmente, devido à diversidade dos carismas no interior do mesmo grupo social, a ação do Espírito Santo atinge a dimensão institucional da comunidade, ao determinar setores de presença ativa, dentro e fora da mesma, por parte de seus membros (1Cor 12,7-11.28-30).

A diversidade dos carismas provindos do mesmo Espírito Santo (1Cor 12,4) terá sérias consequências na vida da Igreja, pois a ação do Espírito, que é sempre "cristofórmica", será captada de *modo pessoal* por cada membro da comunidade de fé. Isso porque, se estamos diante de uma experiência autêntica do Espírito Santo, ela será acolhida, entendida e expressa, a partir do que é cada pessoa, a saber, de suas experiências, de seus critérios de interpretação, de suas preocupações etc. Embora a experiência do Espírito seja sempre uma experiência no interior da fé e, portanto, uma experiência interpretada à luz da fé, ela é *primeira* com relação a sua expressão. Caso contrário, seria expressão de quê? O que a qualifica é exatamente a ação prioritária do Espírito, que garante a unidade da fé em expressões plurais[21], pois estamos lidando com o mistério de Deus que jamais será contido num conceito humano[22].

Na tradição, a experiência da ação do Espírito Santo no ser humano vai ser caracterizada como uma percepção peculiar conhecida como o "sentido da fé" (LG 12), que atinge o centro da pessoa (núcleo que reúne as faculdades inteligência, liberdade, afetividade, imaginação), e de cuja ação ela não tem um conhecimento explícito, mas certa *consciência* da mesma[23]. Naturalmente, quanto mais alguém viver na fidelidade a essa ação divina, tanto maior será sua percepção, pela

---
21. GEFFRÉ, C., Pluralité des théologies et unité de la foi, in: LAURET, B.; REFOULÉ, F., *Initiation à la pratique de la théologie I*, Paris, Cerf, 1994, 131s.
22. RATZINGER, J., Introdução, in: COMISSÃO TEOLÓGICA INTERNACIONAL, *Pluralismo teológico*, São Paulo, Loyola, 2002, 21-26.
23. COMISSION THÉOLOGIQUE INTERNATIONALE, *Le "sensus fidei" dans la vie de l'Église*, Paris, Cerf, 2014.

sintonia de sua vida com o impulso do Espírito; percepção essa caracterizada por Tomás de Aquino como um "conhecimento por conaturalidade"[24].

Esse *sensus fidei* não diz respeito apenas ao conhecimento doutrinal, como é caracterizado tradicionalmente (DV 8), mas atinge também o âmbito do agir, portanto, pode provocar igualmente opções concretas de cunho moral, pastoral, social etc.

Ponto importante para a vida e a missão da Igreja, pois essa deve se confrontar com a realidade envolvente, a qual é plural e complexa, experimentada diversamente por seus membros que têm acesso a uma realidade talvez desconhecida pelas autoridades eclesiásticas. Esse ponto terá consequências para o futuro da Igreja, como veremos mais adiante.

Entretanto, como o que cada um expressa como proveniente da ação do Espírito Santo pode não corresponder verdadeiramente à mesma, seja porque de fato ela não se deu, seja porque a interpretação dada não expressa tal ação, faz-se necessário um *discernimento* (1Ts 5,21; Ef 5,10). Devido ao fato de que tal ação acontece no interior da comunidade eclesial, Paulo já nos oferece alguns critérios em vista da edificação da comunidade (1Cor 14). Realmente, a própria história da Igreja nos demonstra sua necessidade, devido à irrupção de movimentos entusiastas espúrios, fontes de divisões e crises em seu seio.

Observemos ainda que a ação do Espírito Santo é também responsável pela *configuração institucional* da comunidade, não só por designar funções diversas a seus membros, mas também por inspirá-los a traduzirem essa sua ação em instituições e estruturas que melhor a possam mediatizar. Pois, para ser fiel à sua vocação missionária, deve a Igreja se adaptar ao contexto sociocultural onde se encontra. Esse fato explica a diversidade de formas de vida comunitária e de estruturas eclesiais já na

---

24. Santo Tomás de Aquino, *Summa Theologica*, II-II, q. 45, a. 2.

primitiva Igreja, como podemos constatar nas Cartas Pastorais, nos Atos dos Apóstolos ou nas Cartas Paulinas[25].

Sendo a Igreja uma comunidade específica, toda ela voltada para a proclamação e a realização do Reino de Deus, toda ela a serviço dessa missão que lhe confere sua própria identidade, todos os cristãos são não apenas membros ativos, mas também gozam de certa *autoridade* de ministros do Reino de Deus. Vejamos primeiramente o sentido do termo "autoridade" no Novo Testamento e, em seguida, por que o mesmo não se limita apenas a ministros ordenados da Igreja.

O vocábulo grego para "autoridade" no Novo Testamento é *exousia*, que significa a possibilidade e, portanto, o direito de se fazer algo, provindo de uma instância superior[26]. O poder dos ministros no Novo Testamento é de ordem funcional, a saber, levar adiante o serviço de Jesus. Daí o sentido do dito: "Quem vos escuta, me escuta" (Lc 10,16). A autoridade do ministro pressupõe um contexto de missão, senão perde o seu sentido; então, não deve ser entendida estática ou juridicamente[27]. Assim como a autoridade de Jesus, que veio para servir e não para ser servido (Mt 20,28), distinta do poder exercido na sociedade: "não deve ser assim entre vós" (Mt 20,26). Portanto, essa autoridade não é apenas para ser exercida com um espírito de serviço, pois ela é, em si mesma, serviço[28].

Responsável último pela diversidade dos dons e carismas na comunidade eclesial é o Espírito Santo. Seus carismas são dados em função da missão (Ef 4,12) e conferem, por conseguinte, *autoridade* para exercê-los aos que os recebem. Já as Cartas Pastorais limitam essa autoridade aos que dirigem a co-

---

25. Gnilka, J., Strukturen der Kirche nach dem Neuen Testament, in: Schreiner, J. (Hrsgs.), *Die Kirche im Wandel der Gesellschaft*, Würzburg, [s.n.], 1970, 30-40.
26. Thüsing, W., Dienstfunktion und Vollmacht kirchlicher Ämter nach dem Neuen Testament, in: Weber, W. (Hg.), *Macht, Dienst, Herrschaft in Kirche und Gesellschaft*, Freiburg, Herder, 1974, 61.
27. Ibid., 62.
28. Ibid., 66.

munidade (supervisores), e posteriormente a Igreja acolhe a noção civil de autoridade como sinônimo de poder, afastando-se da concepção de Jesus, quando enviava seus discípulos em missão com autoridade de expulsar demônios e de curar enfermos como sinais do Reino de Deus já acontecendo (Mt 10,1). Em princípio, porque todos na Igreja pertencem a uma comunidade missionária, os diversos dons do Espirito Santo devem ser exercidos em função do Reino de Deus: é um carisma não para ser guardado ou limitado ao indivíduo, mas para ser exercido em função do Reino de Deus. Por conseguinte, todos os cristãos dispõem dessa *autoridade fundamental* para realizá-los[29]. Daí se poder afirmar que todo cristão, enquanto sintoniza com Cristo em sua missão, atua também *in persona Christi* num sentido amplo[30]. Naturalmente, essa pressuposta sintonia com Cristo implica uma fé realmente vivida, que a faz acertar com o que convém à fé cristã, como já observara Tomás de Aquino[31].

Naturalmente, o carisma do ministério ordenado é o da presidência ou da coordenação dos demais carismas, e sua autoridade, que lhe advém também como serviço ao Reino, se distingue da autoridade dos demais membros como carisma da *direção*. Não se trata simplesmente de um "poder" baseado na força, sem respeitar a inteligência e a liberdade do que obedece. Esse último reconhece a necessidade de uma autoridade competente para coordenar os vários carismas da comunidade. Sua competência se fundamenta igualmente na tarefa missionária da Igreja, que lhe confere credibilidade e provoca confiança e admiração por parte da comunidade. O poder é obedecido devido ao medo; a autoridade é obedecida devido à confiança[32].

---
29. LAFONT, *L'Église en travail de reforme*, op. cit., 189-201.
30. Ibid., 196s.
31. SANTO TOMÁS DE AQUINO, *Summa Theologica*, II-II, q. 2, art. 3 *ad secundum*.
32. KOMONCHAK, J., Authority and Conversion or: the Limits of Authority, *Cristianesimo nella Storia*, 21 (2000) 207-229.

Sem pretender tratar explicitamente do ministério ordenado, cabe-nos observar, entretanto, que a concepção do mesmo durante séculos como instância de poder se originou especialmente na Idade Média, pela associação do ministério eclesiástico com o poder civil, gozando então de direitos, privilégios, numa palavra, de poder[33]. Hoje devemos superar o juridismo que influenciou o modo de pensar e de agir da Igreja, ou de considerá-la estruturada em poderes de culto para uma clientela leiga[34]. Mais do que uma hierarquia concebida desse modo, mas conservando seu sentido de uma *ordem sagrada*, podemos expressá-la como uma *comunidade estruturada* em virtude dos diversos carismas provenientes da ação do próprio Espírito Santo.

Vivemos hoje numa sociedade complexa, pluralista, acelerada, carente de referências substantivas, sujeita a novos desafios que continuamente exigem novas linguagens e novas práticas. A pastoral da Igreja, de um modo geral, apresenta tanto uma linguagem quanto uma série de práticas que se justapõem à realidade vivida por nossos contemporâneos, os quais pouco as entendem e menos as praticam. A atual desafeição pela Igreja não se explica apenas pelos recentes escândalos de cunho sexual ou financeiro, mas principalmente porque o discurso eclesiástico não é pertinente e pouco contribui para a realidade vivida pelos cristãos.

Não podemos mais conceber a vida cristã como uma série de ações religiosas ao lado da vida cotidiana, muitas vezes sem qualquer efeito na mesma, como acontece com tantos católicos apenas de batismo, adeptos de devoções esporádicas e ciosos de celebrações tradicionais, mas cuja vida familiar ou profissional pouco difere da dos demais da sociedade. Ter fé significa, ao contrário, se comportar responsavelmente como cristão em sua realidade de cada dia, ao se enfrentar com as exigências nor-

---

33. Congar, Y., *Écrits Reformateurs*, Paris, Cerf, 1995, 364.
34. Ibid., 366s.

mais provindas da família, do emprego, da saúde, do inesperado, das circunstancias, e não tanto a partir de regras impostas pela Igreja, mas exteriores a sua própria consciência e incapazes de convencê-lo plenamente. Para o cristão não existe propriamente o setor profano da vida, alheio à fé, pois é na espessura da realidade cotidiana que essa fé se mostra viva e atuante. Trata-se do que Paulo caracteriza como o autêntico culto a Deus (Rm 12,1). Aqui reside a *autoridade dos ministérios não ordenados*, pois a atuação do Espírito Santo não se limita ao âmbito religioso, mas ela atinge os cristãos em todos os setores da vida, capacitando-os a viverem sua fé em tais circunstâncias, podendo assim contribuir substancialmente para novas linguagens e novas práticas na Igreja. Porque participam em cheio das transformações sociais e culturais em curso, podem assim atualizar a vivificante e interpelante mensagem do Reino de Deus, a exemplo do Mestre de Nazaré, que anunciava o Reino numa linguagem acessível a seu auditório.

III. Uma Igreja sinodal?

Uma Igreja estruturada pela própria ação do Espírito Santo e não pela apropriação de mentalidades e instituições da sociedade civil, como se deu especialmente na Idade Média[35], é uma Igreja na qual todos seus membros possuem igual dignidade; todos, pelo Espírito Santo recebido no batismo, são *membros ativos* na missão evangelizadora que constitui o sentido último da própria Igreja. Como já foi observado, essa sinodalidade ativa já estava presente na eclesiologia de comunhão do Vaticano II, de modo evidente no Decreto sobre o Apostolado dos Leigos (AA 3), na participação de todos na constituição do *sensus fidelium*

---
35. Ibid., 364.

(LG 12), nas celebrações litúrgicas (SC 7), no desenvolvimento da Tradição (DV 8) e na linguagem adequada ao se pregar a Palavra de Deus (GS 44).

O papel ativo que deve desempenhar cada um na comunidade eclesial, toda ela em missão, depende, portanto, do Espírito Santo que atua num sujeito concreto com seus dotes e suas qualidades; atuação essa captada pelo indivíduo ou mesmo pela comunidade, ao escolher um de seus membros para presidi-la. O carisma não se opõe aos dons pessoais, mas os assume em prol da comunidade eclesial e da realização do Reino de Deus.

Como vimos anteriormente, é o carisma que confere ao cristão uma "autoridade" (*exousia*) em vista da missão, que não se limita apenas à sua importante atuação no âmbito da família, da sexualidade, da sociedade, da política, da cultura, mas também no interior da comunidade, em tudo o que diga respeito à missão da mesma, da qual ele é *membro ativo* (múnus do ensino, do culto e do governo), e sua colaboração não deve estar limitada meramente ao nível consultivo com exclusão do deliberativo.

Desse modo, como já aparece na variedade dos carismas em Paulo, teremos também uma *rica diversidade* na vivência da fé cristã, já que o Espírito Santo terá seu dinamismo captado, traduzido e praticado diversamente, pois cada ser humano é único com sua história, seu contexto, suas experiências e seus conhecimentos. Desse modo, setores da cultura, da ciência, da economia, das minorias desamparadas, dos povos silenciados, do mundo artístico ou midiático poderão remediar o hiato atual entre Igreja e sociedade, altamente prejudicial para a própria fé, pois o que não atinge a vida concreta não interessa à atual cultura[36]. Retoma-se, portanto, a importante conquista do Concílio Vaticano II: a mensagem salvífica se dirige a todo o Povo de Deus, que se encarrega de vivê-la e transmiti-la ao mundo. To-

---
36. Congar já observara como a vida concreta das pessoas não aparece na liturgia da Igreja (ibid., 137).

dos os cristãos estão envolvidos nessa tarefa, todos são ativos, todos são Igreja através de discursos e práticas pertinentes para o mundo atual. Esta afirmação pressupõe uma fé vivida, e não apenas professada, pois crença e testemunho devem ir juntos.

Daqui decorre uma importante consequência para a *transmissão da fé*, sem dúvida um dos grandes desafios da Igreja em nossos dias, pois essa acontecerá mais pelo contato pessoal, pela transmissão da própria experiência aos mais próximos, pelas relações interpessoais, e sem apoio algum do poder civil. A intromissão do poder político na Igreja tem início no século IV e ocasionará o enfraquecimento da responsabilidade missionária dos cristãos, reduzida ao âmbito familiar, como já foi bem observado[37]. Já numa Igreja realmente sinodal, a transmissão da fé será tarefa de todos, não tanto por planos pastorais, embora necessários, mas pelos contatos pessoais, anônimos, simples, ou em pequenos grupos espontâneos, que leve esperança e sentido para a vida dos demais.

Se todo cristão é "sujeito ativo de evangelização" (EG 120), se a missão pertence a sua própria identidade (EG 273), como nos ensina o Papa Francisco, então essa verdade incidirá fortemente não só no âmbito da existência cristã pessoal, mas também na própria vida paroquial. Deveríamos esperar que as diversas tarefas pastorais em curso nas paróquias possam (e devam) ser exercidas por leigos e por leigas, não como uma concessão especial, mas como uma decorrência própria do batismo[38]. Naturalmente isso supõe uma nova formação do clero, que saiba liderar os diversos carismas e trabalhar com colaboradores aptos a assumir algumas pastorais e a dialogar com setores da complexa sociedade dos nossos dias[39]. Sem dúvida,

---

37. DIANICH, S., *La Chiesa Cattolica verso la sua Riforma*, Brescia, Queriniana, 2014, 21-54.
38. ALMEIDA, A. J. de, *Novos ministérios. A necessidade de um salto à frente*, São Paulo, Paulinas, 2013, 107-126; PASSOS, J. D. (org.), *Sujeitos no mundo e na Igreja*, São Paulo, Paulus, 2014.
39. Só podemos recomendar a experiência realizada pelo então bispo de Poitiers, Mons. Albert Rouet, levada a cabo por vários anos com ousadia e com espírito crítico. Ver ROUET,

com isso se dará o fim das paróquias como fornecedoras de sacramentos para um laicato passivo e talvez afaste muitos católicos que não queiram assumir compromissos.

Desde que a missão constitui a razão de ser da Igreja, então todos os seus membros estão a serviço dessa finalidade: todos são ministros (servidores) da evangelização. Alguns têm o carisma de presidir a comunidade e coordenar os demais carismas, caracterizados como ministros ordenados (bispos, sacerdotes, diáconos) e, como tal, como cabeças da comunidade presidem a celebração eucarística e acolhem na mesma comunidade o pecador arrependido[40]. Os demais "ministros" credenciados pelo batismo podem ainda receber missões específicas das autoridades eclesiásticas, como já acontece no Brasil, qualificando-se assim como "ministros não ordenados" e representando a Igreja nos hospitais, na catequese, na administração de alguns sacramentos (ministros da eucaristia), em setores da sociedade não diretamente alcançados pelo clero. Recebem a missão da autoridade eclesiástica, devem ter participação nos conselhos paroquiais e diocesanos, e talvez no futuro tenham um importante papel na Igreja, a caminho da sinodalidade[41].

O culto a Deus, atestado no Novo Testamento, é de cunho existencial (Rm 12,1; 1Pd 2,5), portanto, implica a própria existência cristã e tem sua máxima expressão no *sacramento da eucaristia*. Nela, celebra-se o sacrifício eterno do Cristo Ressuscitado, a entrega de sua vida no memorial da última ceia e também a entrega da vida por parte de seus seguidores. Todos celebram a entrega iniciada no batismo (LG 10), fato esse que determina a íntima conexão entre vida cristã e celebração eu-

---

A., *Un nouveau visage d'Église*, Paris, Bayard, 2005, e, do mesmo autor, *Un goût d'espérance*, Paris, Bayard, 2008. Interessante é ele confessar ter se inspirado nas comunidades eclesiais de base da América Latina!
40. LAFONT, G., *Le Catholicisme autrement?* Paris, Cerf, 2020, 124.
41. SESBOÜÉ, B., *N'ayez pas peur! Regards sur l'Église et les ministères aujourd'hui*, Paris, Desclée de Brouwer, 1996, 159.

carística de modo muito mais profundo do que ele é hoje entendido, tal como infelizmente aparece na expressão "assistir à missa". Na eucaristia, o cristão oferece a Deus sua própria identidade, sua vida pelo Reino de Deus na comunidade eclesial[42], cujo sentido está nessa missão. Urge, portanto, não apenas corrigir nos fiéis a imagem de um rito religioso, longe da vida concreta, mas ainda celebrar a eucaristia numa linguagem atual que inclua também a vida concreta dos participantes.

O ministro ordenado é tal devido a seu carisma de direção da comunidade (1Cor 12,28), e como tal lhe compete presidir a celebração eucarística, bem como acolher em nome da comunidade um pecador arrependido. Esse carisma da presidência é de cunho funcional, a saber, em vista da realização do Reino de Deus, embora na tradição latina tenha se imposto como poder de consagrar numa concepção mais jurídica do que bíblica. A concepção ocidental do "poder eclesiástico", ou da deturpação do próprio termo "hierarquia", significou o desenlace de uma evolução histórica fortemente influenciada pela sociedade feudal[43]. Perde-se assim a íntima conexão entre o elemento místico e o jurídico, presentes na Igreja Antiga, cujos mandatários eram sensíveis à voz do Espírito que também falava pelo Povo de Deus, daí a participação do mesmo nas questões doutrinais ou na nomeação de bispos e párocos[44].

Como vemos, uma Igreja estruturada pela ação do Espírito Santo traz sérias consequências para sua própria concepção de *unidade*, pois a ação do Espírito Santo acontece sempre em pessoas concretas, com histórias, experiências, desafios, lingua-

---

42. LAFONT, G., *Petit essai sur le temps du pape François*, Paris, Cerf, 2017, 162-165.
43. CODA, P., Erneuerung des synodalen Bewusstseins im Volk Gottes, *Theologische Quartalschrift*, 192 (2012) 103-120, aqui 108.
44. CONGAR, Y., Le développement historique de l'autorité dans l'Église. Éléments pour la réflexion chrétienne, in: TODD, J. M. (ed.), *Problèmes de l'Autorité*, Paris, Cerf, 1962, 145-181. São conhecidas as expressões da Igreja Antiga: "Qui praefuturus est omnibus, ab omnibus eligatur" ou "Nullus invitis detur episcopus", citadas por Congar (162).

gens e culturas diversas, que necessariamente irão *expressar* tal ação também de modos diversos, a partir do que elas são realmente. Se revelação só acontece quando acolhida na fé e expressa diversamente como nos comprova a própria Bíblia, assim também a ação do Espírito, cuja pluralidade de expressões e práticas apenas enriquece sua origem comum (1Cor 12,4-6). Infelizmente na Igreja se confundiu, no passado, unidade com uniformidade, com sérios prejuízos para a transmissão e vivência da mensagem evangélica. Ainda hoje podemos observar resistências ao urgente processo de inculturação da fé, a pastorais diversificadas, a liturgias significativas para culturas diversas, a iniciativas novas de episcopados locais, que denotam profundo desconhecimento da Igreja no primeiro milênio.

Tenhamos presente que a finalidade da Igreja é continuar a missão pelo Reino de Deus, missão essa confiada pelo próprio Jesus Cristo. Tenhamos igualmente presente que o Espírito Santo não se limita a uma ação apenas espiritual, mas atinge o ser humano em sua totalidade, levando-o a melhorar suas condições de vida através de sua inteligência e de sua liberdade. E, como a esmagadora maioria dos membros da Igreja é constituída pelo laicato, então é exatamente neles que atua o Espírito Santo em setores não propriamente "religiosos". O Concílio Vaticano II afirma que ele "anima, purifica e fortalece também aquelas aspirações generosas com as quais a família humana se esforça por tornar mais humana a sua própria existência e submeter a terra inteira a este fim" (GS 38).

O laicato vive sua vida nesta sociedade, num contexto sociocultural não religioso, e é aí que ele responde a Deus, concretiza sua identidade cristã e colabora na construção do Reino de Deus. Apenas com seus ministros ordenados a Igreja não consegue estar ciente, presente ou atuante nesta complexa sociedade, nem, menos ainda, desenvolver uma pastoral pertinente e eficaz. É o laicato que escuta seus clamores, que busca novas linguagens e práticas, que enfrenta na vanguarda os novos desafios sociais, que os discute e os amadurece para a posterior decisão da autoridade eclesiástica[45]. Mesmo que os leigos e as leigas não sejam a voz oficial da Igreja, são, todavia, considerados como Igreja para muitos de nossos contemporâneos e, nesse sentido, por eles procurados em busca de luz e de força para seus dramas pessoais ou para suas dúvidas doutrinais[46].

No fundo estarão exercendo a autoridade que lhes compete por seu carisma, estarão exercendo a liberdade cristã, desde que o façam com responsabilidade e no interior da comunidade de fé à qual pertencem. Pois, como já havia observado Paulo, a ação do Espírito pode ser mal-entendida, gerando expressões e práticas espúrias, exigindo um necessário *discernimento* por parte da comunidade e de seu responsável. Pois importa saber se houve realmente uma ação do Espírito e também se essa inspiração foi corretamente interpretada. Em ambos os casos se impõe a verificação (1Ts 5,21).

Portanto, o carisma, dom do Espírito Santo, capacita o cristão a poder e a dever exercê-lo, na Igreja e no mundo, "segundo sua ciência, competência e habilidade" (LG 37), em comunhão com os demais cristãos, cabendo aos pastores verificar a autenticidade do mesmo (AA 3). Critério fundamental para esse discernimento está na própria *vivência do cristão* realmente comprometido com a missão de Jesus, a missão do Reino de Deus. Essa sintonia com a vontade de Deus lhe possibilita um conhecimento *sui generis*, caracterizado por Tomás de Aquino como um conhecimento por conaturalidade[47], uma intuição, uma percepção pré-conceitual do que convém à causa do Reino, não só no âmbito eclesial, mas

---

45. Exemplo dessa modalidade de trabalho conjunto foi a Encíclica *Laudato Si'*, que realmente falou para a atual sociedade e que teve ampla colaboração do laicato e até de não cristãos.
46. A questão já aparece no Concílio Vaticano II (GS 76), embora essa distinção não satisfaça ao que acontece na realidade. Ver FRANÇA MIRANDA, M., Igreja e sociedade na *Gaudium et Spes*, in: id., *A Igreja numa sociedade fragmentada*, São Paulo, Loyola, 2006, 35-58.
47. SANTO TOMÁS DE AQUINO, *Summa Theologica*, II-II, q. 45, art. 2.

também em qualquer setor da vida humana: economia, política, arte, literatura, música, família, mídia[48].

Entretanto, pelo fato de que muitos cristãos não vivam realmente sua fé, embora batizados, o pressuposto para um autêntico discernimento se encontra ausente. Daí a necessidade de uma *conversão*, seja ela de cunho intelectual, ultrapassando seu limitado horizonte de compreensão, seja de cunho moral, buscando honestamente o Reino de Deus, seja de cunho cristão, fazendo da própria vida uma resposta ao amor primeiro de Deus. Só então gozará o cristão daquela liberdade, condição para um autêntico juízo do que convém à construção do Reino de Deus[49]. A ausência de uma verdadeira conversão explica a resistência constatada em nossos dias com relação à reforma eclesial empreendida pelo Papa Francisco, seja de cristãos leigos/as, seja de ministros ordenados.

Transformar mentalidades, mudar hábitos adquiridos, tocar no imaginário de toda uma geração, nunca acontece com a rapidez que desejamos. Apenas podemos iniciar um *processo* que irá exigir muitos anos para amadurecer e produzir frutos[50]. O que aconteceu com a lenta recepção do Concílio de Trento e também do Concílio Vaticano II confirma nosso juízo. De qualquer modo, é mais importante desencadear processos do que possuir espaços de poder, como expressa o Papa Francisco (EG 223), confiando verdadeiramente na ação do Espírito Santo, cujo ritmo não é necessariamente o nosso, mas que nem por isso deixa de contar com nossa colaboração na gestação de uma Igreja realmente sinodal.

---

48. Beinert, W., Der Glaubenssinn der Gläubigen in Theologie- und Dogmengeschichte. Eine Überblick, in: Wiederkehr, D. (Hrsg.), *Der Glaubenssinn des Gottesvolkes. Konkurrent oder Partner des Lehramts*, Freiburg, Herder, 1994, 66-131, aqui 117.
49. França Miranda, M. Conversão e reforma eclesial, in: id., *A Reforma de Francisco. Fundamentos teológicos*, São Paulo, Paulinas, 2017, 11-27.
50. Joubert, Th., Instituer l'ininstituable. Le sens eschatologique de l'autorité dans l'Église, *Recherches de Science Religieuse*, n. 109/1 (2021), 75-91.

A dialética humano-divina na sinodalidade eclesial

Nestes últimos anos, podemos encontrar uma abundante bibliografia sobre o tema da sinodalidade eclesial, seja em sua fundamentação escriturística, em suas expressões históricas, em suas concretizações múltiplas na vida da Igreja em nossos dias. Esse fato reflete uma nova consciência eclesial, já iniciada pelos escritos de Y. Congar e de outros, anteriores ao Vaticano II, assumidos e enriquecidos no Concílio Vaticano II, sobretudo no Decreto sobre o *Apostolado dos Leigos*, e fundamentado na noção da Igreja como Povo de Deus, exposta na Constituição Dogmática *Lumen Gentium*.

Essa demanda por uma participação mais efetiva de leigos e de leigas na vida da Igreja se viu reforçada pelas transformações socioculturais ocorridas nos últimos séculos. Saímos de uma *sociedade tradicional*, que transmitia valores e práticas a serem acolhidos e praticados pelas gerações posteriores, em vista de alcançarem uma identidade pessoal e um reconhecimento social, para a atual sociedade, caracterizada pela forte emergência da subjetividade, pelo respeito às características individuais, pela liberdade pessoal diante da herança da tradição, pela aceitação tranquila da diversidade na vida pública. Versão política dessa nova mentalidade representa o sistema democrático, visando possibilitar a participação de todos no governo da sociedade. Entretanto, igualmente convivemos hoje com uma crise da democracia representativa, em grande parte devido à hegemonia esmagadora do fator econômico, porém, por outro lado, a constante e corajosa reinvindicação de grupos minoritários na atual sociedade reafirma o valor único do indivíduo, independentemente de características de raça, de religião, de classe social, de ideologia ou de índole afetivo-sexual. Naturalmente esse fato não poderia deixar de repercutir na própria Igreja, realidade que faz parte desta mesma sociedade.

Consequentemente, não nos deve admirar a constante reinvindicação do laicato mais consciente de uma maior participação nas diversas instâncias da Igreja, ainda fortemente marcada por mentalidades e estruturas que remontam a sociedades altamente hierarquizadas, próprias da Idade Média, nas quais o laicato consistia numa massa passiva governada pelo clero. Nesse sentido, o tema da sinodalidade diz respeito não só ao aspecto institucional, mas também à *mentalidade* que o sustenta. E, como veremos ao longo deste texto, a transformação no modo de ver a realidade, a saber, de interpretá-la, é de realização mais difícil que a mudança propriamente institucional.

Por outro lado, para quem conhece a história da Igreja, não é motivo de apreensão que aconteçam transformações na consciência eclesial ou na configuração institucional da mesma Igreja. Enquanto realidade humana e divina deve, por um lado, manter as características provindas de Deus, presentes nos textos neotestamentários, mas, por outro, se *configurar* em sua linguagem e em sua instituição à realidade concreta onde se acha inserida, já que todo o seu sentido é prolongar na história a missão de proclamar e realizar o Reino de Deus, em obediência ao mandato do próprio Jesus Cristo. Numa palavra, a Igreja se transforma para manter sua identidade de ser sacramento, expressão, vitrine da salvação de Deus em Jesus Cristo, que ela não só testemunha pela vida de seus membros, mas também pelo anúncio de sua mensagem, que deve ser devidamente entendida e captada pelas sucessivas gerações humanas. Ela é realmente fiel ao desígnio divino, ela é realmente tradicional com T maiúsculo, quando deixa *transparecer* o que é e o que anuncia a uma geração. Então, jamais será uma realidade arcaica, morta, ultrapassada, relegada aos museus da humanidade.

Esta introdução demonstra ser a questão da sinodalidade apenas mais uma temática na longa série de outras que a precederam ao longo da história. Este texto busca esclarecer a vertente antropológica e histórica subjacente a todo o embate em torno da sinodalidade eclesial. Trataremos desta questão na *primeira* parte de nosso estudo, indicando sua importância para a teologia. Numa *segunda* parte, examinaremos a ação do Espírito Santo nas pessoas, que não violenta nem destrói a identidade de cada uma, resultando assim numa diversidade plural no interior da Igreja, sem prejuízo de sua unidade. Enfim, numa *terceira* e última parte será abordado o necessário discernimento para que a comunidade dos fiéis siga as atuações autênticas do Espírito Santo e se afaste das falsas manifestações a ele atribuídas.

I. A realidade humano-divina do cristianismo

A fé cristã apresenta uma característica ausente nas outras religiões abraâmicas, seja no judaísmo, seja no islamismo, a saber, a confissão de um Deus que se fez homem, abrigando em si a divindade e a humanidade. Esse dado de fé, por unir realidades tão diversas, irá provocar ao longo da história do cristianismo disputas recorrentes, como nos demonstram a heresia *cristológica* do monofisismo ou, ao contrário e mais recentemente, o perigo de uma mera jesuologia. Por outro lado, o cristianismo não pode cair na tentação do panteão grego, ao atribuir aos deuses índoles e paixões humanas, pois o dogma de Calcedônia afirma a realidade divino-humana de Jesus Cristo, sem desvendar, contudo, seu mistério.

Nele, temos uma percepção de Deus, a quem chamava de Pai, cuja identidade é delineada em suas parábolas e em seu modo de agir, pois, tanto seus ensinamentos como suas ações, estão em perfeita sintonia com a vontade do Pai. Se entendermos "sacramento" como uma realidade visível que nos remete ao invisível, como sinal que não só aponta como contém em si a realidade que assinala, então não só Jesus Cristo pode ser visto como imagem de Deus (Cl 1,15), mas também, radicalmente, todo o cristianismo é uma realidade sacramental, como já atesta o Concílio Vaticano II para a Igreja, nomeando-a *sacramento* da salvação (LG 1).

E isso diz respeito não só à Igreja, mas também a tudo o que ela nos oferece e que esteja ao alcance de nossa capacidade humana de entender e acolher, já que tais realidades não constituem o divino ou o transcendente, mas se justificam apenas por nos *remeter* para além de si, para o mistério de Deus ou da pessoa de Jesus Cristo. Santo Tomás de Aquino já havia percebido que o ato de fé não se detém no enunciado (sacramento), mas se dirige *(tendit)* para a realidade nele enunciada *(in rem)*. Sacramentais são também os textos bíblicos que, enquanto remetem à autoria de Deus, podem ser caracterizados como Palavra de Deus. Para quem não crê, constituem apenas textos históricos sem mais, assim como todos os tradicionais sacramentos enquanto sinais (visíveis) da ação divina (invisível). Podemos ir mais longe com Santo Agostinho, que considerava as ações caritativas dos cristãos sacramentos (visíveis) da ação vitoriosa de Deus nas pessoas (invisível). Assim, a sacramentalidade é característica própria do cristianismo.

Como aconteceu na história da cristologia, com acentuações inadequadas do divino e do humano em Jesus, também a *eclesiologia* apresentou no passado ênfases unilaterais nessa dialética do humano e do divino na comunidade. Isso porque desde o início do cristianismo, a presença atuante do Espírito Santo é mencionada, tal como comprovam as Cartas de Paulo, os textos de Lucas e de João. A ação do Espírito se manifesta não só no evento de Pentecostes e na atividade missionária da Igreja primitiva (Lucas), ou na promessa e no envio do Paráclito (João), mas, sobretudo, na ênfase de Paulo em apontar a ação do Espírito como núcleo da vida cristã, tal como aparece nas Cartas aos Romanos e aos Gálatas. O mesmo Espírito que atuou na vida de Jesus, como observam os evangelistas sinóticos, é enviado à comunidade dos fiéis, como nota o evangelista João.

Entretanto, a ação do Espírito na Igreja não se limita apenas aos indivíduos, pois, ao distribuir seus dons, seus carismas, seus encargos na comunidade, ele atinge também a característica *institucional* da mesma comunidade, ao inspirar responsabilidades e encargos, funções e ministérios, em vista de uma participação ativa de todos os seus membros. Infelizmente, o desequilíbrio cristológico observado por João, por influência da gnose, também acontece na eclesiologia. As comunidades paulinas são agitadas por falsos carismáticos a invocar a ação do Espírito Santo, o que leva Paulo a nos oferecer um excelente critério de uma ação autêntica do Espírito, a saber, que sirva para a edificação da comunidade, coibindo assim os mais exaltados.

Naturalmente, os ataques das heresias e o crescente número de cristãos irão exigir maior cuidado no governo das comunidades dos fiéis, dando início ao que hoje denominamos "o monoepiscopado", um supervisor principal responsável por coordenar os demais carismas presentes na comunidade. Ao se tornar a religião oficial do império romano, o cristianismo teve que se estruturar à semelhança das instituições civis da época, ocasionando crescente ênfase nas autoridades constituídas e nas estruturas em que se apoiavam. Essa tendência será acentuada quando a Igreja, já dotada de um poder por todos reconhecido, se defrontar com o poder civil, assumindo características do mesmo que perduram até nossos dias. Não podemos negar que, no cristianismo, o cisma do século X ou a reforma protestante do século XVI devem seu surgimento também a uma hipertrofia institucional, pouco sensível às realidades de cunho cultural, político ou étnico, como hoje reconhecemos.

A partir de nossa atual consciência eclesial, devemos ser cautelosos em julgar tais medidas, mas não podemos deixar de observar que houve certa *hipertrofia* da dimensão institucional da Igreja, observada também na ênfase dada nessa época à doutrina e à moral, que, aliás, perduram até hoje. Se nesse caso constatamos uma ênfase indevida na dimensão humana da Igreja, reconhecemos também um exagero na outra dimensão, com os movimentos dos exaltados, dos alumbrados, das heresias dos albigenses e dos cátaros, sempre apelando para inspirações diretas do Espírito Santo, mesmo em oposição a tradições e autoridades vigentes na Igreja. Uma época do cristianismo caracterizada como a época do Espírito Santo, defendida por Joaquim de Fiore, constitui um bom exemplo desse desequilíbrio.

Mas também constatamos em nossos dias certos movimentos carismáticos, centrados na ação do Espírito, que se concentram em reações fortemente emotivas, em experiências pessoais ou grupais, sem contribuir para a construção da comunidade e sem assumir ações pelos mais necessitados. Pois a atuação do Espírito Santo é sempre em função do Reino de Deus, como aparece na vida de Jesus de Nazaré, ou sempre voltada para o bem do próximo e para a construção da comunidade, como atesta Paulo. Poderíamos ainda considerar como manifestações dessa ótica unilateral o pelagianismo, o quietismo, o predestinacionismo, ou o *sola fide* ou o *sola gratia* da reforma, como exemplos da ruptura da dialética cristã, em que ou se favorece unilateralmente a parte divina, ou se promove exageradamente a parte humana.

A dialética humano-divina também aparece na história do cristianismo nos *santos* e nas *santas* que, movidos pelo Espírito Santo, experimentaram e vislumbraram novos caminhos para a vida cristã, e os viveram pessoalmente. Entretanto, ao procurarem traduzir para outros o que experimentaram, através de uma nova espiritualidade e, sobretudo, de uma instituição que a possibilitasse e promovesse, encontraram resistência e oposição provenientes da sociedade e da própria Igreja. Isso porque, onde atua o Espírito, aí se manifesta a dialética humano-divina da fé cristã.

II. A dialética humano-divina no evento sinodal

Para quem conhece a história da Igreja, suas assembleias, seus sínodos e seus concílios ecumênicos, já demonstram ser fatos normais as tensões, os debates, as críticas e os antagonismos. Naturalmente, todas as diversas posições apelam para o mesmo Espírito, todas almejam o bem da Igreja, todas têm em vista sua missão no mundo. Mas frequentemente uma sintonia de conclusões e de práticas, embora almejadas por todos, de fato não acontece. Qual a razão?

Não podemos culpar o Espírito Santo por essa diversidade de opiniões. Ele é o Espírito do Filho, como bem observa Paulo. Sua atividade é nos fazer assumir a existência de Jesus para nos assemelharmos a ele em sua vida, paixão, morte e ressurreição. Nesse sentido, sua ação é sempre cristofórmica, a saber, única, uniforme, precisa, impossibilitando diversidades ou mesmo divergências na comunidade eclesial. Todavia, os fatos parecem invalidar essa *única e universal* ação do Espírito na Igreja. Embora todos atribuam suas percepções e respectivas opções ao Espírito Santo, não podem ser negadas diferenças e divergências entre as mesmas.

É o que nos comprova a história dos Concílios Ecumênicos, dos sínodos regionais, ou, mais perto de nós, as costumeiras tensões por ocasião das Assembleias Gerais das Conferências Episcopais, nas quais a diversidade de pontos de vista é patente.

Mesmo que não se trate de heresias a serem refutadas, porém, simplesmente, de ênfases doutrinárias ou de prioridades pastorais a serem assumidas, vemos que a unanimidade não pode ser constatada. Se a diversidade não provém do Espírito Santo, então ela se origina no sujeito que percebe e expressa sua inspiração. Desse modo, temos aqui mais um exemplo da dialética humano-divina própria do cristianismo.

Pois sabemos hoje que todo conhecimento acontece sempre no interior de um horizonte de compreensão, de um imaginário coletivo, de um *mindset*, como se diz, que lhe fornece a linguagem necessária para entender e expressar o que é conhecido. Consequentemente, todo conhecimento verdadeiro é um *evento* que resulta sempre do encontro entre a chave de compreensão do sujeito e a realidade do objeto conhecido. A sucessão de paradigmas nas ciências, como na física, explica a diversidade dos sistemas de compreensão em jogo. O que para um é evidente, para o outro não o é, por lhe faltar o correspondente quadro de compreensão.

Por mais que julguemos pensar a partir de noções universais perfeitamente unívocas, a experiência com outros contextos socioculturais nos desmente, como constatamos ao sair do país. Pois toda realidade conhecida é sempre, de algum modo, particular, já que é captada e expressa diversamente pelo mundo afora. No respectivo horizonte de compreensão estão presentes não apenas conhecimentos, mas também práticas, aspirações e sonhos próprios da condição humana, mas sempre concretizados diversamente devido aos diferentes âmbitos de vida. Podemos dar como exemplo a diversidade dos ritos de iniciação presente nos diferentes povos da terra.

Essa constatação se reveste de enorme importância para a fé cristã e de modo mais particular para a comunidade dos fiéis. Isso porque ela deve sua existência não só à pessoa de Jesus Cristo, mas também à ação contínua do Espírito Santo, que possibilita a fé dos cristãos. Embora essa ação tenda sempre para a realização do Reino de Deus através do amor fraterno, inspirando perspectivas, orientações e iniciativas condizentes, essa mesma ação será diversamente acolhida, entendida e traduzida em ações devido à *inevitável diversidade* dos que a acolhem.

A diversidade de sistemas teológicos ou de espiritualidades presentes no cristianismo, nascidas em épocas e regiões diferentes, reflete bem o solo de onde provieram, as indagações e os desafios do tempo, as práticas tradicionais consagradas, a linguagem disponível; fato esse já atestado nos textos neotestamentários. A evangelização levada a cabo no passado, por ignorar o imperativo da inculturação da fé e transmiti-la já em moldes ocidentais, resultou na destruição das culturas nativas, como no continente americano, ou no fracasso do enorme investimento de recursos materiais e humanos, como no continente asiático, em face de culturas e religiões milenares. Numa palavra, a preocupação em transmitir a mensagem cristã não considerou devidamente o *receptor* da mesma em sua diversidade.

Hoje estamos mais conscientes dessa necessidade de inculturação da fé, muito recomendada pelo magistério eclesial, mas de difícil realização, como nos demonstram fatos recentes como o Sínodo da Amazônia ou a luta dos povos africanos para viverem, como tais, sua fé cristã. Pois toda inculturação da fé significa um *risco*. Se, de um lado, consegue expressões e práticas correspondentes ao contexto sociocultural daquele momento, de outro, não consegue expressar toda a riqueza do mistério cristão nessa cultura determinada. Esta afirmação vale até para a expressão cristológica do Concílio de Calcedônia, quando comparada com a riqueza das cristologias neotestamentárias.

Como conclusão desta parte podemos afirmar que a diversidade estará presente necessariamente no próximo Sínodo e que, portanto, seus participantes a deverão aceitar como tal. Isso porque a unidade da fé não exclui a diversidade das expressões e das práticas, desde que provenientes da mesma revelação sedimentada nos textos neotestamentários, pois unidade não significa uniformidade. Assim, a problemática do Sínodo se situa no interior da problemática própria do cristianismo, aqui denominada como sua dialética humano-divina.

Observemos que a Igreja, como qualquer grupo social, não pode prescindir de uma estrutura jurídica que esclareça os direitos e os deveres de seus membros. Enquanto membros do Povo de Deus em comunhão, devido à presença ativa neles do mesmo Espírito Santo, devem todos eles ter certa *participação* na missão eclesial, respeitada a configuração hierárquica presente no ministério ordenado. Essa participação tem sua origem na própria realidade eclesial que fundamenta certo espírito ou mentalidade sinodal (sinodalidade informal), a qual pode se traduzir na colaboração de todos nas decisões da Igreja (*decision making*), embora o ato de decidir seja da competência da autoridade em questão (*choice making*). A escuta das instâncias inferiores, como o Concílio Vaticano II recomenda aos bispos em suas dioceses (PO 7), já demonstra a insuficiência da compreensão tradicional dessa participação apenas como modalidade deliberativa.

Entretanto, sem negar a necessidade da regulação canônica, devemos reconhecer igualmente sua *insuficiência* diante da realidade sinodal da Igreja em todos os seus níveis: Concílios Ecumênicos, Sínodos Gerais ou Regionais, Assembleias Continentais, Conferências Episcopais, Sínodos Diocesanos, Conselhos Pastorais e Conselhos Presbiterais. E a razão é bastante simples: quem participa em quaisquer dessas modalidades sinodais é o ser humano, que, como vimos, é caracterizado pela diversidade. Não basta todos atribuírem seus pareceres e decisões à ação do mesmo Espírito Santo, se a *pessoa concreta*, com todos os seus inevitáveis condicionamentos, não for devidamente levada em consideração. Esse fato explica não só as tensões verificadas nessas assembleias, mas igualmente a insatisfação constatada em alguns dos seus participantes. Daí a necessidade de abordarmos esta questão apenas como mais um exemplo da dialética humano-divina do cristianismo.

III. O imperativo do discernimento no processo sinodal

A Igreja, como Povo de Deus encarregado de continuar a missão de Jesus Cristo ao longo da história, não só traz um encargo para cada cristão, mas, em virtude do mesmo, igualmente lhe confere certa *autoridade* (*exousia*) para poder desempenhar esse múnus. Nesse sentido, tal autoridade lhe advém de seu próprio batismo, sem necessidade de lhe ser outorgada pela hierarquia, pois existe em função da missão pelo Reino de Deus que não deve ser entendida apenas juridicamente. Mas entre os carismas mencionados por Paulo se encontra também o da *direção* da comunidade, ou, como diríamos hoje, o carisma da coordenação dos demais carismas na comunidade. Portanto, trata-se de um carisma que coordena e respeita os detentores dos demais carismas que, como vimos, gozam de autoridade no desempenho da missão.

Infelizmente, no decurso da história, esse carisma a serviço dos demais carismas vai ganhando matizes do poder civil, com embasamento fortemente jurídico, herdando suas prerrogativas e privilégios por influência da sociedade medieval. Desse modo se explica o fenômeno do *clericalismo* que tanto prejudica a Igreja e a causa do Reino. E isso porque a atual sociedade é pluralista, altamente diversificada, com questões e linguagens múltiplas, com desafios ignorados pelo clero, mas que constituem o cotidiano de muitos fiéis, tornando-os mais competentes para enfrentá-los. Daqui se explica tanto as enquetes anteriores aos últimos Sínodos quanto a admissão do laicato no próprio evento.

Visto realisticamente, esse fato irá tornar mais difícil o processo sinodal, dada a enorme diversidade de vivências e interpretações presentes hoje na Igreja. Certamente, nem todas expressam devidamente a ação multiforme do Espírito Santo, mas brotam de motivações espúrias, interesseiras, avessas a qualquer mudança ou, ao contrário, desejosas de mudanças a todo custo. Mas todas reivindicam sua proveniência do Espírito Santo, sem que tenhamos um princípio teórico suficientemente universal e claro para julgá-las.

Entretanto, a dificuldade permanece mesmo que os participantes expressem *corretamente* as inspirações do Espírito Santo, pois tais inspirações se realizam sempre através de seres humanos que são diversos e que, consequentemente, as percebem e tematizam a partir de sua realidade pessoal, social e cultural. A diversidade plural provém não do Espírito, mas dos que são atingidos por sua ação. Qual deles nos compete seguir? Aqui temos mais um caso da dialética humano-divina do cristianismo.

Desde que sejam realmente ações do Espírito Santo, portanto *autênticas*, mas diversamente captadas e expressas devido à diversidade de seus receptores, em princípio *devem* tais expressões ser respeitadas e acolhidas pela Igreja. Sua justificação é a mesma da inculturação da fé, como condição necessária para a difusão universal da fé cristã. A dialética humano-divina do cristianismo ocasiona e urge uma pluralidade de configurações do próprio cristianismo, no respeito aos contextos socioculturais diversos existentes no planeta. Nesse sentido, além dos patriarcados ocidentais e orientais já reconhecidos, deveríamos ter outros como o africano, o asiático e mesmo um latino-americano. No fundo afirmamos apenas que o Espírito Santo não atua num vazio antropológico. Bem podemos já imaginar o enorme desafio posto à realização efetiva de uma Igreja sinodal! Portanto, como já observamos anteriormente, mesmo que os participantes de um sínodo eclesial, quaisquer que sejam suas modalidades, invoquem e exprimam corretamente a inspiração do Espírito Santo, as tensões podem permanecer. Pois o ser humano conhece algo sempre no interior de um horizonte de compreensão, de um contexto sociocultural, de uma linguagem determinada. A partir desse horizonte e em seu interior, ele interpreta suas experiências com a realidade. Consequentemente sua chave de leitura lhe permite acessar a realidade, apresentando-a, porém, sempre dentro de sua perspectiva própria, limitada a seus pressupostos epistemológicos. Por exemplo, alguém que tenha uma concepção de verdade como uma realidade sempre a mesma dificilmente irá aceitar que essa verdade possa se desvelar mais ao longo da história, vetando de antemão qualquer desenvolvimento na compreensão da fé cristã. Sua aludida fidelidade à inspiração do Espírito Santo sempre será captada e expressa nos limites desse horizonte.

Pois todos nós só conhecemos a realidade quando a interpretamos no interior de nosso horizonte de compreensão. Só reconhecendo esse fato podemos nos abrir para outros horizontes hermenêuticos, diferentes do nosso, aceitando ou não suas respectivas leituras e expressões, as quais podem ampliar, ou completar, ou mesmo corrigir as nossas próprias. Portanto, impõe-se um *diálogo* entre os diversos participantes, que exige saber escutar o outro, procurar compreendê-lo, e assim poder tomar consciência dos limites do próprio horizonte. Não podemos considerar o diferente já como errado ou inimigo. Só assim seremos sujeitos aptos a acolher os impulsos do Espírito sem aprisioná-los em nossa chave de leitura. Trata-se de uma autêntica *conversão* de cunho teórico, mas indispensável na diversidade presente na comunidade.

Também devemos estar atentos às motivações subjacentes a nossas opções, que podem não ser muito conscientes e impedir uma autêntica percepção do Espírito Santo, e nos deixar guiar pela causa do Reino de Deus, pelo bem da Igreja, por uma sociedade mais justa e fraterna, e não por nossos próprios interesses e vantagens pessoais. Porque devemos estar orientados por *valores* e não por proveitos pessoais. Só então poderemos não deturpar ou falsear a inspiração do Espírito em nós. Em suma, uma *conversão* de cunho moral. Certamente o cristão que experimenta o amor de Deus em sua vida e o *vive* conscientemente, dedicando toda ela a responder a esse amor primeiro, conseguirá sintonizar mais perfeitamente com as inspirações do Espírito Santo, alcançando nessas experiências enorme luminosidade e profunda convicção de que provêm de Deus. Daqui se explica a teimosia dos santos e das santas em suas intuições e em seus propósitos em prol do Reino de Deus.

Subjacente a toda essa questão se encontra o tema do *discernimento cristão*, pois, se todos apelam ao Espírito Santo, nem todos são, de fato, devidamente autênticos transmissores de sua ação. Já nos avisara São Paulo: "Não extingais o Espírito, não desprezeis as profecias, mas examinai tudo e guardai o que for bom" (1Ts 5,19-21). O que vimos anteriormente diz respeito a esse "examinar", expresso hoje como *discernir* o que realmente provém do Espírito Santo.

Portanto, consideramos até aqui as condições necessárias para se alcançar a *liberdade cristã*, fruto do Espírito Santo (2Cor 3,17) e pressuposto para um autêntico discernimento. Pois só a liberdade interior nos livra da ambição, do medo, da busca de poder e de prestígio, dos ressentimentos, de concepções falsas, de fechamentos em nossos pequenos mundos, como podemos constatar em mentes tradicionalistas ou revolucionárias. Só a liberdade interior nos capacita a enxergarmos a crise da atual sociedade, que repercute para dentro do próprio cristianismo, exigindo mudanças urgentes, mesmo que nos privem de nossos hábitos e comodidades.

Sabemos que, por ocasião do Concílio Vaticano II, um grupo de bispos, entre os quais Dom Helder Câmara, pleiteou uma Igreja mais pobre, despojada de certo mundanismo acolhido no passado. Esse apelo acabou laconicamente resumido num breve texto sem maiores consequências, inserido na Constituição Dogmática sobre a Igreja (LG 8). No dizer de um dos bispos desse grupo, faltou aos participantes a liberdade necessária para viver mais simplesmente seu ministério episcopal.

Em sua programática Encíclica *A alegria do Evangelho*, o Papa Francisco já desmascara certo "mundanismo espiritual" voltado para seu bem-estar pessoal, ávido de poder, autorreferencial e em busca de prestígio (EG 93-97), que torna a pessoa prisioneira de si própria e incapaz de captar e seguir as moções do Espírito. Boa parte de seus críticos, no fundo, teme perder seus privilégios e honrarias, à semelhança de Caifás, que lucidamente viu na pessoa e na pregação de Jesus o fim de seu poder e de seu estilo de vida, e por isso tramou sua morte (Jo 11,50). Mas o papa reconhece também que a ausência de uma liberdade cristã pode provir de uma formação mais tradicional que nos ofereça perspectivas de segurança, estruturas de proteção, normas de julgamentos e hábitos que nos tranquilizem (EG 49).

Daí a importância do diálogo verdadeiro, da escuta atenta do que pensa diferente de nós, para podermos captar seu horizonte de compreensão, sua consciência possível, seu imaginário implícito. O que, humanamente falando, parece uma tarefa impossível, se transforma numa possibilidade real, porque esse difícil diálogo acontece sob a luz, a inspiração, a orientação e a força do Espírito Santo, que bem sabe o que convém em cada época (EG 280).

A fidelidade ao Espírito Santo se revela, assim, como fator decisivo nas diversas configurações sinodais da Igreja: grupos informais, paróquias, dioceses, assembleias episcopais nacionais ou continentais. No futuro Sínodo é normal que as grandes questões a serem debatidas monopolizem nossa atenção, pois serão examinadas em suas respectivas dimensões culturais, históricas, teológicas, morais e jurídicas, em vista de uma maior participação de todos na Igreja. Mas o pressuposto básico do processo sinodal está na *ação do Espírito Santo* e na capacidade de os participantes captarem suas inspirações, expressá-las e colocá-las em prática. Não se trata de invocá-lo, como de rotina, no início dos trabalhos, mas de sentir sua presença atuante e decisiva, ainda que sempre encarnada na dialética humano-divina própria da fé cristã.

Sentir numa Igreja sinodal

Introdução – Uma Igreja sujeita a contínuas transformações

À primeira vista, o tema que abordaremos parece tão óbvio que dispensaria qualquer reflexão posterior, pois a Igreja se compreende como a comunidade dos que creem, dos que invocam Deus como Pai de todos, seguindo o caminho aberto por Jesus Cristo e assistidos pelo Espírito Santo. As celebrações da fé cristã, sejam da Palavra de Deus, sejam de qualquer sacramento, são sempre comunitárias, a saber, contam com a participação de seus membros, mesmo quando presididas por algum ministro. A atuação efetiva de *toda* a comunidade é exigida pela finalidade última da própria Igreja, a saber, continuar na história a missão iniciada pelo Mestre de Nazaré, proclamando e realizando o que ele caracterizava como o Reino de Deus. Portanto, ser cristão é estar incumbido dessa missão. Consequentemente, caminhar juntos é elemento constitutivo da própria Igreja e dizer "Igreja sinodal" já se assemelha a um pleonasmo.

Naturalmente se espera de todos que livremente aderiram a essa comunidade de fiéis que busquem sempre estar em *sinto-*

nia com ela, pois dela recebem sentido para suas vidas, a força para vivê-lo no dia a dia, o auxílio de outros cristãos, o entorno social que confirma sua fé. Não é possível conceber um cristão solitário, desvinculado da comunidade eclesial. Sua identidade não pode excluir sua condição de membro da Igreja.

E, contudo, o tema da sinodalidade e do discernimento constitui hoje uma questão das mais importantes para a vida da Igreja. Como isso pode acontecer? Para responder adequadamente a esta questão teríamos que percorrer toda a história da Igreja até nossos dias, objetivo que extrapola o objetivo deste texto. Vamos nos limitar a apenas *dois pontos*, simplificando assim essa complexa questão. Os constitutivos da Igreja, acima enumerados, provêm da revelação de Deus, mas devem se *encarnar* nas sociedades humanas para serem entendidos e vividos por cada geração. A Igreja é sempre a mesma, mas sua *configuração social* se transforma seguindo as mudanças características de qualquer realidade no interior da história. Igreja das catacumbas, da Patrística, da era Medieval, do Renascimento, da Modernidade, são alguns exemplos do que afirmamos.

A Igreja que herdamos é conhecida como a Igreja da *cristandade*, ou de uma sociedade majoritariamente cristã. Nos primeiros séculos, a Igreja se organizou com instituições simples devido à ameaça das heresias e ao número crescente de fiéis. Posteriormente a fé cristã foi erigida à religião oficial do império romano, e a Igreja assumiu então privilégios e poderes próprios daquela sociedade, cujos efeitos chegam ainda até nós. Exerce assim forte influência na vida pública, aparece como uma entidade que rivaliza com a autoridade civil, experimenta forte concentração de poder na pessoa do papa e na cúria romana, uniformiza a liturgia e a doutrina, atribui grande poder ao clero em detrimento de um laicato passivo, acentua exigências morais e jurídicas na vida do cristão, realça o medo do inferno na pregação e na pastoral, insiste na recepção dos sacramentos. Essa configuração eclesial perdurou até o século XX, e experimenta hoje uma forte crise.

Hoje vivemos numa sociedade caracterizada pelo ideal democrático e participativo, de respeito e tolerância diante de cada um, de forte individualismo cultural, de crescente desigualdade social, de danosa hegemonia do fator econômico no mundo, da cultura cibernética, e tudo isso constitui um desafio não só para a vivência da fé cristã, mas também para a própria configuração eclesial. Vivemos, portanto, uma época de transformação não só da sociedade, mas também da própria Igreja, que atinge tanto gerações passadas como estratos mais jovens da sociedade. As mudanças na configuração da Igreja têm em vista fazê-la ser entendida, aceita e significativa para esta nova sociedade em gestação. Caso contrário, ela se transformaria em mais uma peça de museu.

Toda época de mudanças, seja na sociedade, seja na Igreja, configura uma *época de crise*. Imaginários sociais, horizontes de compreensão, padrões de comportamento, valores tradicionais, são contestados ou transformados, gerando insegurança, revolta, mal-estar, insatisfação por parte dos que a experimentam. Esse novo cenário atinge também o próprio sentir com a Igreja, ao se deparar com a questão: mas *qual Igreja*, a do passado que nos é mais familiar ou essa nova Igreja em gestação?

Esta é apenas *uma das questões* que tornam o nosso tema muito atual. A outra provém das mudanças já aprovadas pelo Concílio Vaticano II e incisivamente levadas adiante pelo atual Papa Francisco. Como autoridade suprema da Igreja e como protagonista dessas urgentes iniciativas de reforma, o Papa se vê transformado no alvo principal dos ataques por parte dos que resistem a tais mudanças. Sabemos que na Igreja nunca houve total unanimidade, nem mesmo nos Concílios Ecumênicos, mas a diversidade de mentalidades se encontra hoje *radicalizada*, ameaçando até um cisma futuro. Críticas abertas e públicas ao Sumo Pontífice surgem na mídia, proferidas mesmo por autoridades eclesiásticas com maior raio de influência. Outros culpabilizam o Concílio Vaticano II pelo deplorável estado da Igreja, como afirmam, demonstrando pouco conhecimento da riqueza dos textos conciliares. Também diante dessa questão se justifica esta nossa reflexão. Ela se apresentará em quatro partes: começaremos pela própria noção de sinodalidade, com sua fundamentação respectiva; em seguida, numa segunda parte, abordaremos a problemática inerente à própria sinodalidade; numa terceira parte veremos a importância e a necessidade do discernimento nesse contexto eclesial e, numa parte final, apresentaremos uma breve conclusão sobre o nosso tema.

I. A sinodalidade eclesial e sua fundamentação

Para entendermos a sinodalidade devemos remontar ao desígnio primeiro de Deus de se manifestar na história e vir ao encontro da humanidade através de um *povo*, o Povo de Deus. Todo o sentido desse povo era revelar e transmitir o projeto de Deus para a humanidade. Portanto, e este ponto é essencial, todo o sentido da vida desse povo não se limitava a si próprio, mas se justificava apenas enquanto realidade histórica às voltas com uma *missão*: viver e anunciar ao ser humano o sentido último de sua existência e o destino final da mesma numa vida eterna com Deus.

Essa missão deveria se realizar pelo *testemunho de vida* desse povo: "Sede santos, porque eu, o Senhor, vosso Deus, sou santo" (Lv 19,1). Portanto, as normas morais, as celebrações litúrgicas, as tradições familiares, a repulsa a contaminações por parte de outras religiões, o mandamento de amor a Deus e ao próximo visavam constituir uma *modalidade de vida* humana que manifestasse aos demais povos o que Deus queria para toda a humanidade.

Jesus Cristo acolhe e leva a sua perfeição o projeto do Pai (Mt 5,17). E seus seguidores, caracterizados por partilharem seu modo de vida, se identificarão com o Novo Povo de Deus, com a *missão* de levar adiante, ao longo da história, a pessoa e a mensagem de Jesus Cristo, o projeto do Reino de Deus para toda a humanidade. Assim sendo, a comunidade eclesial recebe daqui todo o seu sentido: viver como Jesus Cristo viveu e, desse modo, a saber, pelo seu testemunho de vida, constituir a comunidade humana querida por Deus.

Por conseguinte, *todos* os membros da Igreja são incumbidos dessa tarefa, todos devem ser ativos por força do próprio batismo que receberam (AA 3; LG 33), sendo que até o século III eram considerados *povo sacerdotal* pela vida de oração, de louvor, de oferta de si, de testemunho de vida, de compromisso com a missão de Jesus Cristo. Já que o sacerdócio de Cristo não é cultual como o sacerdócio do Antigo Testamento, mas existencial pela entrega de sua vida, assim também deve ser o sacerdócio comum dos cristãos, povo sacerdotal (1Pd 2,5).

Falar de sinodalidade é apenas outro modo de expressar a *participação ativa* de todos na vida da comunidade e em sua ação evangelizadora. Tal aconteceu no início da Igreja, embora com graus diversos. Nos *Atos dos Apóstolos* e nas *Cartas Paulinas*, a comunidade se mostra sensível à ação do Espírito Santo em suas decisões, mas já nas *Cartas Pastorais* é enfatizada a autoridade do responsável devido ao crescimento das comunidades e à ameaça das heresias, fato que dará lugar ao posterior monoepiscopado. Nos séculos seguintes não podemos negar a influência da autoridade civil na hierarquia eclesiástica, considerada mais como *poder* e menos como serviço, apesar de bispos notáveis nessa época. Também nessa época a Igreja se organiza especialmente em vista do *culto*, que irá caracterizar sua compreensão do sacerdócio, mais próxima ao judaísmo do que à pessoa de Jesus Cristo, fato esse que perdura até nossos dias e recebe forte adesão de certa parte do clero.

A história também nos ensina que a participação ativa da comunidade na administração dos sacramentos era maior do que a atual: seja no sacramento da reconciliação e da unção dos enfermos, seja na escolha dos dirigentes da comunidade, que chegava a ponto de invalidar nomeações rejeitadas pelos fiéis. Mas já no período caracterizado como "a era da cristandade", a Igreja medirá forças com o poder civil, que se intrometia em seu governo, dando lugar, por volta do século X, a uma centralização do poder no papado, acompanhada de forte uniformidade jurídica e litúrgica, a tal ponto que a Igreja designava nessa época a hierarquia sem mais.

Observemos ainda que nesse tempo a formação cultural era privilégio de uma minoria, sendo até grande parte da sociedade simplesmente analfabeta, de tal modo que o clero se destacava por sua formação diante da maioria laica insuficientemente formada. Infelizmente esse fato de um laicato passivo e desprovido de autoridade chegará até nossos dias, apesar das correções efetuadas pelo Concílio Vaticano II no *Decreto sobre o Apostolado dos Leigos* (AA). Outro fator que explica a ausência de maioridade de todos na Igreja provém do falso dualismo entre natureza e graça, profano e sagrado, que relegava a vida normal das pessoas a um setor da vida sem valor salvífico, reservado esse ao âmbito religioso, privilégio dos clérigos, que recebiam assim uma "sacralização" indevida que não só os afastava da vida real como também lhes dificultava abrir espaços de participação aos fiéis leigos na organização, na direção e na ação apostólica da comunidade. Apesar de reações a essa deformação eclesial, concretizadas no movimento franciscano ou na *devotio moderna*, ou mesmo na reforma luterana, ela se vê agravada pela centralização excessiva no papado e na Cúria Romana, influenciada pelo absolutismo reinante em diversos países.

Tal situação contraria a intenção primeira do próprio Deus, que elege não alguns indivíduos, mas todo um povo, no qual todos são ativos, como aparece nas comunidades cristãs primitivas (1Cor 12,1-11) ou na metáfora do "Corpo de Cristo", no qual todos os membros são necessários para a missão (1Cor 12,12-30). Sabemos que, nos primeiros anos do cristianismo, a evangelização era bastante informal, feita por qualquer membro da comunidade que comunicasse a outros sua experiência de vida como cristão.

O Concílio Vaticano II procura corrigir essa situação ao construir uma eclesiologia, não partindo da hierarquia, mas da noção de *Povo de Deus*, na qual todos gozam de igual dignidade (LG 30), estão capacitados a ser evangelizadores ativos (LG 9-10) na missão comum (AA 2), não por mandato de alguma autoridade eclesiástica, mas simplesmente por serem batizados (AA 3). Essa opção do Concílio se revelou decisiva para uma sinodalidade real, e gerou também órgãos representativos como o Conselho Presbiteral, o Conselho Pastoral, o Sínodo Diocesano, o Sínodo dos bispos e o Conselho Paroquial, embora tenham sido apenas parcialmente recebidos e postos em prática. Não podemos deixar de mencionar a importante contribuição do Documento de Aparecida para essa nossa questão: afirma sem mais que o sacerdócio ministerial está a serviço do sacerdócio comum dos fiéis (193) e recomenda maior participação laical na elaboração e execução de projetos pastorais (213) e nas decisões (371), mas muito realisticamente reconhece a necessidade de uma profunda *mudança de mentalidade* na Igreja por parte do clero e do laicato (213).

Tarefa nada fácil, como o próprio Jesus Cristo experimentou da parte dos primeiros discípulos, como nos mostra o episódio em que Pedro e João ambicionavam o poder no grupo. A reação de Jesus foi imediata ao afirmar que, "como eu não vim para ser servido, mas para servir, assim também, quem dentre vocês quiser ser o primeiro, que seja o servo dos demais" (Mt 20,26-28). Infelizmente, a autoridade decorrente da missão em prol do Reino de Deus, a saber, em função do Reino (Lc 10,16), perdeu essa característica quando foi institucionalizada, equiparando-se ao poder civil e jurídico da sociedade.

Contribuiu para isso certo esquecimento da ação e da importância do Espírito Santo, sobretudo na Igreja do Ocidente, que acabou acentuando demasiadamente a realidade institucional e jurídica da Igreja. Pois tanto os evangelistas (At 1,15; Jo 14; 16) quanto Paulo (Rm 5,5) afirmam que o Espírito de Deus é concedido a *todos* na Igreja, originando carismas diversos (1Cor 12,4), destinados à construção da comunidade eclesial (1Cor 14,12.26). Essa verdade é fundamental para a fé do cristão (1Cor 12,3), para a recepção devida dos sacramentos (não são meros ritos) ou mesmo da Palavra de Deus como Palavra *de Deus*. Podemos mesmo afirmar que todas as ações salvíficas da Igreja acontecem por ação do Espírito Santo, são epicléticas, e não só na eucaristia. Daí Santo Irineu afirmar que, onde está a Igreja, aí também está o Espírito de Deus.

Já que os carismas provenientes do Espírito Santo se destinam à edificação da Igreja, a plenitude da ação do Espírito de Deus reside na *totalidade dos diversos dons* por ele concedidos, devendo ser respeitados, valorizados e realmente exercidos. Silenciá-los autoritariamente significa atingir o próprio Espírito (1Ts 5,19), embora se deva verificá-los "com discernimento" (1Ts 5,21), uma aptidão que Paulo supõe existente nos fiéis (1Cor 14,29). Observemos ainda que a diversidade das pessoas e dos carismas atuantes nas comunidades cristãs irá configurá-las diversamente do ponto de vista organizativo ou institucional, como nos atesta o Novo Testamento.

A própria noção de comunhão que fundamenta o que entendemos por comunidade cristã provém da participação de todos no mesmo Espírito: "a comunhão do Espírito Santo" (genitivo objetivo em 2Cor 13,13), como somos saudados no início da celebração eucarística. Esse Espírito é o mesmo que atuou na vida de Jesus (LG 7) e que plasma em nós uma existência semelhante à de Cristo (Fl 3,11s).

O Documento de Aparecida reafirma, indo a pontos mais concretos, a linha empreendida pelo Concílio Vaticano II. Reconhece a importância de uma verdadeira conversão pastoral (366), questiona estruturas ultrapassadas que pouco favoreçam a transmissão da fé (365), defende a participação do laicato na elaboração e na execução de projetos pastorais (213), afirmando claramente que, nos projetos diocesanos, "os leigos devem participar do discernimento, da tomada de decisões, do planejamento e da execução" (371).

II. A sinodalidade como desafio

Como vimos no início, a identidade eclesial provém de seus elementos essenciais, portanto, sempre presentes e atuantes, independentemente das vicissitudes da história, das interpretações posteriores ou dos erros humanos. Eles são *essenciais* porque têm suas raízes na revelação do próprio Deus em Jesus Cristo, conforme nos atestam os textos neotestamentários. Desse modo, é a Igreja uma comunidade de fiéis, os quais professam Jesus Cristo como Filho de Deus, capacitados pela ação do Espírito Santo, que acolhem o mistério de Deus revelado por Jesus Cristo como Pai misericordioso, que celebram sua fé nos sacramentos, especialmente no batismo e na eucaristia, e que vivem sob a autoridade de um ministério ordenado. Sua *finalidade* primordial é prosseguir, ao longo da história, a missão de Jesus Cristo: proclamar e realizar o Reino de Deus.

Contudo, a Igreja não é apenas uma realidade determinada por Deus, já que é também uma realidade humana (LG 8), logo, sujeita às transformações da história. De fato, seus membros não são seres humanos *em geral*, pois tais não existem e jamais existiram, mas homens e mulheres imersos num determinado contexto social e histórico, condicionados por suas tradições culturais, vivendo em organizações sociais mais adequadas aos desafios enfrentados e dotados de uma linguagem específica que pode se tornar retrógrada, perdendo assim sua potência de comunicação. Portanto, a Igreja, mantendo seus componentes teológicos, provindos da revelação, pode e deve apresentar *configurações diversas* ao longo da história, para que possa ser entendida e acolhida pelas sucessivas gerações e realizar sua missão de proclamar e realizar o Reino de Deus. Consequentemente, para continuar sendo Igreja ao longo dos anos, ela deve se expressar na linguagem entendida pela sociedade, em sua pregação, em suas celebrações, em suas ações apostólicas, em suas modalidades de governo e também em suas estruturas institucionais. A própria história da Igreja nestes dois milênios confirma nossa afirmação.

Podemos também entender esse fenômeno como a *permanente* necessidade de atualização por parte da comunidade cristã. E aqui reside o nosso problema, pois estamos habituados, por formação e por vivência, a entender e viver a fé cristã com as expressões e as práticas que nos são familiares; porém, quando tornadas arcaicas e não significativas para gerações posteriores, exigem expressões condizentes com outras gerações. Trata-se de salvar a verdade da fé, expressando-a numa outra linguagem. Não foi isso que realizou o Concílio Vaticano II em seu esforço de atualização (*aggiornamento*) em face dos novos desafios da sociedade moderna? E, passados mais de cinquenta anos desse importante acontecimento, não presenciamos nesse ínterim novas mudanças na Igreja para enfrentar desafios ignorados na época desse Concílio? Portanto, a necessidade de atualização constitui um imperativo permanente para a Igreja.

Nesse contexto não podemos deixar de mencionar mais um elemento muito importante: a Igreja é uma realidade viva pela ação do *Espírito Santo*. Toda ela depende de sua atividade, não só na fé de seus membros como também em suas celebrações, em seus carismas, em suas atividades, em sua organização. Sua assistência contínua é o fundamento último da vida eclesial. E esse Espírito de Deus sopra quando quer e como quer, garantindo não só a continuidade da tradição, mas também inspirando novos caminhos que mantenham a Igreja atual e significativa ao longo de seus anos. Infelizmente essa verdade foi muito esquecida no cristianismo ocidental, com sua preferência por categorias doutrinais e jurídicas que facilitavam a organização social da comunidade, mas também tendiam a engessar em enunciados e normas a vida da comunidade. Essa mentalidade perdura até nossos dias, dificultando sobremaneira linguagens e práticas mais adequadas ao nosso tempo.

Acrescente a esse fato uma concepção estática, fixista e monolítica de *verdade*. Hoje sabemos que, mais do que a simples reprodução na mente da realidade conhecida, a verdade resulta do *encontro* da realidade com um sujeito que conhece. Esse, por sua vez, está inevitavelmente inserido na história, condicionado pelo horizonte cultural do tempo, que determina seu olhar para a realidade, a pergunta que ele lhe faz e a resposta que recebe. Portanto, verdade é sempre constituída pela realidade conhecida e pelo sujeito que a conhece, numa síntese que não mais pode ser desfeita. A mesma realidade pode apresentar verdades diversas se o ponto de vista do sujeito também é diverso. Toda verdade, seja ela científica, filosófica, psicológica ou sociológica, implica sempre a chave de compreensão do sujeito que interroga a realidade.

As verdades da fé pressupõem, por conseguinte, não só o horizonte de compreensão fornecido pela fé (possibilitada pela ação do Espírito Santo), mas também o horizonte de compreensão da época em que é expressa. Ambos os fatores indicam necessariamente sua historicidade, como claramente reconheceu o Concílio Vaticano II (DV 8). Consequentemente, enquanto expressão da verdade revelada, o dogma pode evoluir e se exprimir mais amplamente, sem negar as tematizações anteriores, mas aperfeiçoando-as pela ação do Espírito e pelo aparecimento de novos horizontes de leitura. Não se trata de cair num relativismo, pois ninguém pensa ou conhece a partir do zero, já que o faz inevitavelmente apoiado num solo histórico, tradicional, já presente na nova expressão da verdade.

Resguardadas as reservas, já que são realidades diversas, o mesmo princípio vale tanto para estruturas institucionais quanto para práticas apostólicas, para participação na comunidade quanto para respeito aos carismas individuais, para linhas de ação pastoral quanto para celebrações litúrgicas. Realmente todas são históricas, condicionadas pelos desafios da época, pelos conhecimentos então disponíveis, que permitiram e justificaram novas expressões, práticas, instituições e linhas de ação. Entretanto, permanece a questão fundamental: são tais transformações queridas por Deus, fruto da ação do Espírito Santo, ou meras construções humanas para modernizar a Igreja e torná-la mais aceita pela sociedade?

O que vimos até aqui ganha enorme importância e atualidade devido ao atual debate sobre a sinodalidade na Igreja. Embora bem fundamentada e vivida nos primeiros séculos do cristianismo e na época patrística, e retomada, em parte, no Concílio Vaticano II, os esforços do Papa Francisco para torná-la uma realidade na Igreja atual vêm encontrando forte resistência por parte de alguns setores da hierarquia e do laicato católico. Naturalmente essa resistência se explica por múltiplas razões.

Mencionemos apenas algumas delas. A mentalidade por parte de ministros ordenados de considerar seu *status* na Igreja como uma instância de *poder* e não de serviço, como queria Jesus (Mc 10,43-45); instância essa ameaçada pela justa maioridade dos leigos na Igreja, que leva alguns clérigos ao recurso do autoritarismo. Infelizmente, essa é a formação adotada em alguns seminários, fonte de problemas e desastres futuros.

Naturalmente considerado como instância de poder, o clero se relaciona mais facilmente com os detentores do poder civil, usufruindo de vantagens e privilégios que dificultam uma pastoral realmente cristã, em vista dos mais pobres e marginalizados, para não desagradar os poderosos e perder suas regalias; fato que explica a resistência de alguns episcopados à reforma de Francisco.

Para alguns católicos, a manutenção de linguagens e ritos do passado lhes fornece uma instância *sólida* e uma referência *segura* numa época de rápidas e sucessivas mudanças na sociedade, que geram insegurança e angústia. Daí sua resistência concentrada especialmente no rito eucarístico tradicional, elevado a símbolo da oposição às mudanças. Sua atitude reflete as consequências de uma pastoral sacramentalista, mais voltada para os sinais da fé e menos para uma fé realmente *vivida*, motivada por uma pastoral evangelizadora, como recomenda o Documento de Aparecida. Ainda podemos acrescentar, por parte de alguns, uma ignorância epistemológica, e igualmente um deplorável desconhecimento, do modo como conhecemos (conhecer é interpretar) a história da Igreja, que, ao longo de dois milênios, experimentou transformações sérias que explicam que as referências tradicionais, vistas como essenciais, apareceram tardiamente e brotaram de conjunturas do passado hoje desaparecidas.

III. A importância e a necessidade do discernimento

As razões do atual impasse, anteriormente elencadas, iluminam parcialmente suas causas, mas não o resolvem de fato. Sempre podemos aduzir justificativas para nossas convicções e nossos medos. Querer resolver as pendências com arrazoados teológicos, prescrições jurídicas tradicionais, apelos a realidades exitosas do passado foram constantes na história da Igreja, e, em parte, até se justificam por mostrarem a continuidade da mesma Igreja de Jesus Cristo ao longo da história. Mas a Igreja é uma realidade que deve sua existência à *ação contínua do Espírito Santo* ao longo de seus dias, embora nem sempre devidamente reconhecida e valorizada em sua autocompreensão e ação missionária.

Sem a presença atuante do Espírito Santo, ela não passaria de uma entidade entre outras, sua pregação seria mero discurso humano, suas celebrações simples ritos, seus membros apenas um grupo social entre muitos outros. Pelo contrário, enquanto comunidade dos que creem, ela atesta a atuação do Espírito Santo em cada cristão, força interior que o leva ao seguimento de Cristo, a assumir a mesma causa do Reino de Deus e a celebrar comunitariamente sua fé nos sacramentos. Vimos anteriormente como os carismas influenciam a própria estrutura institucional da comunidade.

Todavia, mais importante aqui é ressaltar o fato de que o Espírito Santo atua e atinge *todo* membro da Igreja. Com outras palavras, o Espírito Santo é de certo modo *experimentado* pelo cristão, experiência primeira que antecede suas posteriores expressões, experiência cercada de mistério por se tratar do próprio Deus, experiência tradicionalmente conhecida como o "sentido da fé" (LG 12), experiência que toca o íntimo da pessoa e da qual ela não tem, portanto, um conhecimento explícito, apenas certa *consciência* da mesma.

Neste ponto, duas observações devem ser feitas à tradicional concepção do *sentido da fé*, pois essa experiência não se limita apenas ao conhecimento doutrinal (DV 8), mas atinge *todos os âmbitos* de vida da comunidade eclesial, fornecendo *insights* e provocando opções no âmbito da moral, da pastoral, do social, do institucional etc. Esta afirmação abre espaço para um protagonismo de todos na Igreja, seja em sua organização interna, seja em sua atuação missionária, valorizando assim as experiências pessoais em sua diversidade, conforme os diferentes contextos vitais de seus membros. Só assim a Igreja consegue chegar, em sua ação pastoral, aos numerosos e diferentes contextos socioculturais, com suas linguagens e práticas específicas, como nos apresenta a atual sociedade pluralista.

A segunda observação decorrente da primeira diz respeito à diversidade de expressões e práticas provenientes da *mesma* atuação do Espírito, mas acolhidas e interpretadas com linguagens e opções próprias de cada contexto sociocultural. Na história da Igreja, a pluralidade de espiritualidades provenientes da mesma ação do Espírito de Cristo confirma nossa afirmação. Essa pluralidade apenas enriquece a característica da universalidade (catolicidade) da Igreja, cuja unidade não deve ser confundida com uniformidade.

Entretanto, devido ao fato de que a ação do Espírito não goza de evidência direta, mas vem envolta no mistério próprio de toda ação divina na história, ela pode ser falseada, seja porque de fato não se deu e é erradamente imaginada pela pessoa, seja porque realmente aconteceu, mas recebeu uma interpretação que não expressa sua verdade. Essa possibilidade não passou despercebida a Paulo, que valorizava a experiência individual, mas alertava para a possibilidade de erro ao exigir que se fizesse um *discernimento* (1Ts 5,21; Ef 5,10), e chega mesmo a oferecer alguns critérios para tal, e mais precisamente critérios em vista de edificação da comunidade (1Cor 14).

Neste ponto a questão se desloca para as condições requeridas para termos um *sujeito realmente capaz* de um autêntico discernimento. Já culturalmente ele pode estar inabilitado por encerrar-se dentro de padrões culturais limitados ou errôneos, a partir dos quais ele interpreta a ação do Espírito e, portanto, não aceita ou mesmo condena outras leituras provindas de outros horizontes socioculturais. Pois, se tenho uma concepção fundamentalista da Bíblia ou uma ideia a-histórica de verdade, inevitavelmente interpretarei a ação de Deus dentro dessas coordenadas. Portanto, a primeira condição é saber que meu ponto de vista não é o único; caso contrário, estarei limitando a ação do próprio Espírito Santo.

Uma segunda condição diz respeito à coerência de vida do sujeito com o impulso que experimentou como vindo de Deus, pois esse impulso é o mesmo que plasmou a vida de Jesus; portanto, uma ação de natureza cristofórmica, a saber, fazer-nos semelhantes a Cristo. De fato, Paulo já observara que só a pessoa espiritual conhece o que vem de Deus (1Cor 2,14s) e que somente ao não se conformar ao mundo presente estará ela apta a discernir a vontade de Deus (Rm 12,2). E, quanto mais autêntica for sua vida cristã, tanto mais será capaz de discernir o que dela quer o Espírito de Deus, contrariando muitas vezes as próprias autoridades da Igreja, como abundam exemplos na vida de tantos santos e santas. Caso contrário, o cristão estará dominado e prisioneiro de seus apegos, seus comodismos, seus privilégios, não gozando da necessária liberdade para seguir a vontade de Deus.

Um terceiro pressuposto, que caracteriza o cristão sem mais, diz respeito a seu relacionamento com o próprio Deus, pois Deus é amor, é misericórdia, e só quando tivermos essa verdade assumida e vivida estaremos aptos a captar a vontade deste Deus que nos ama infinitamente. Não só baniremos um temor infundado em nossa existência, mas, sobretudo, procuraremos corresponder a esse amor primeiro com uma *resposta de amor* que plasme nossa vida. Não mais dependeremos de normas para edificar nossa vida, mas seremos movidos pela gratidão a este Deus que nos ama sem impor condições. Só assim alcançaremos o autêntico culto a Deus, culto existencial pela doação da própria vida (Rm 12,1), e seremos aptos sujeitos de discernimento.

A experiência de *Inácio de Loyola* exemplifica e confirma bem o que afirmamos. Sua conversão aconteceu por obra do Espírito Santo, embora levasse tempo para ser interpretada como tal. Devido a sua enorme capacidade introspectiva, foi sendo capaz de distinguir o que provinha de Deus e o que nascia dos desejos mundanos. Elaborou assim as conhecidas *regras para discernimento dos espíritos* (EE 313-336). E a *sequência* das meditações nos conhecidos Exercícios Espirituais (EE) nos demonstra sua preocupação em preparar um sujeito apto a captar e realizar a vontade de Deus. O *Exercício do Reino* já amplia o horizonte do exercitante, apresentando Cristo e sua missão como modelo da verdadeira vida cristã, sem esconder suas exigências (EE 97s). Para desfazer possíveis ilusões, apresenta a meditação das *duas bandeiras*, que possibilita a necessária lucidez para uma opção de vida (EE 136-148). Em seguida, a meditação dos *três tipos de pessoas* testa a generosidade do exercitante (EE 149-156). O exercício dos *três modos de humildade*, ou melhor, de amor, busca mover o exercitante para a entrega existencial de Cristo, com tudo o que ela implica de sacrifício. Podemos considerar esses passos como etapas requeridas para alguém chegar a uma real *liberdade espiritual*, condição imprescindível para sentir e seguir o apelo do Espírito Santo.

IV. Sinodalidade e discernimento

Sem dúvida vivemos hoje um momento crítico da história da Igreja. Assistimos ao fim de uma Igreja de cristandade sem termos ainda uma clara noção de como se irá configurar a Igreja do terceiro milênio. Alguns passos já foram dados desde a metade do século XX, trazendo novos horizontes teológicos e inovações institucionais, em parte assumidas pelo Concílio Vaticano e pelas Assembleias do CELAM. Entretanto, as transformações rápidas e sucessivas da sociedade significam novos desafios à Igreja. Nesse contexto tão complexo, próprio de uma cultura pluralista que apresenta enorme diversidade de leituras e de práticas sociais, impõe-se ouvir a palavra e incentivar a ação de *todos*, fato esse que explica a importância de uma Igreja sinodal. Todavia, não podemos transpor simplesmente para hoje a prática sinodal dos primeiros séculos do cristianismo. O complexo mundo atual, a enorme população católica e a diversa participação na vida da Igreja dificultam sobremaneira a desejada participação de todos em vista de uma nova configuração eclesial.

A diversidade das experiências pessoais, da formação teológica, das práticas religiosas, das expectativas decorrentes da fé cristã, para só enumerar alguns fatores, explica também as diferentes reações diante das mudanças em curso. Daqui podemos entender os questionamentos feitos à pessoa do papa Francisco, o empenho por uma volta à liturgia do passado (também histórica, mas vista como essencial), as resistências à perda do *status* clerical, com seus privilégios na sociedade moderna, a insistência na moral pessoal e o silêncio sobre a ética social.

Também no passado havia desencontros por decisões conciliares, mas hoje tais desavenças ganham proporções enormes devido aos modernos meios de comunicação social. Pronunciamentos críticos de cardeais, de bispos ou de sacerdotes atingem danosamente a unidade da Igreja e muito a enfraquecem em sua verdade de ser o sacramento (sinal) e o instrumento da salvação de Deus (LG 1).

Nesse agitado contexto eclesial, ganha enorme importância o discernimento cristão, com suas condições *imprescindíveis* para se efetuar adequada e corretamente, pois muitos reagem às mudanças a partir de seus pontos de vista, nem sempre corretos, de seus hábitos ou de suas expectativas, de patamares e privilégios conquistados, de inseguranças pessoais e problemas pessoais não resolvidos. Mas igualmente falham aqueles que aderem entusiasticamente às mudanças sem ter claramente presente a causa do Reino de Deus, queimando etapas de uma transformação lenta como qualquer mudança histórica.

Devemos ouvir mais o Espírito Santo, livres de qualquer entrave cognoscitivo, moral ou religioso, num aprendizado que engloba toda a vida, dando lugar à dimensão mística da fé, fortalecida pela oração pessoal. Só assim nos capacitamos a sintonizar com os impulsos do Espírito Santo. Sabemos que o Papa Francisco já expressou que considera o discernimento inaciano a melhor ajuda para seu ministério na Igreja.

Igreja una na diversidade

I. O desafio do momento histórico que vivemos

Experimentamos hoje, nos mais diversos setores da sociedade, mudanças rápidas e sucessivas que nos deixam perplexos e ansiosos. Visões tradicionais da vida familiar, da área da educação e do ensino, do trabalho profissional, ou da comunicação social, se veem questionadas e enfraquecidas pela irrupção de novos fatores culturais, econômicos ou tecnológicos. Imaginamos o passado como um tempo mais tranquilo e estável, embora também nossos antepassados tenham experimentado transformações contínuas, talvez de menor alcance e intensidade que as de nossos dias.

Também a ciência nos apresenta uma natureza em contínua evolução, com o universo se expandindo, e com novas formas de vida aparecendo, provocadas pelas transformações do meio ambiente. Trata-se de uma autêntica história do universo. Os novos desafios exigem outras compreensões da própria realidade, daí a sucessão de novos paradigmas científicos e de novas técnicas.

A pressão das problemáticas emergentes provoca reações diferentes na própria sociedade, gerando uma pluralidade de opiniões e de modalidades de vida, e nos obrigando a conviver com a *diversidade* já dentro de casa e na vida social. Daí certo mal-estar que nos afeta a todos, sobretudo aos mais idosos. Apregoa-se o imperativo da tolerância, embora não tanto seus limites, já que existem situações que, sem dúvida, exigem correções. Em resumo, vivemos hoje numa sociedade marcada por vertiginosas transformações e inevitáveis diversidades.

II. A historicidade da fé cristã

A Igreja se encontra inevitavelmente inserida nesta sociedade, portanto, diretamente afetada pelas transformações em curso. E ela não as pode ignorar, seja as questões emergentes, seja as novas linguagens, sob pena de se ver reduzida a um gueto minoritário ou a ser considerada uma antiquada peça de museu na atual sociedade. Nesse caso, ela perderia todo seu *sentido* e sua identidade, que consistem em levar adiante, ao longo da história, a proclamação e a realização do Reino de Deus iniciado por Jesus Cristo. Numa palavra, ela é essencialmente missionária.

Se fossemos nos perguntar por que ela deve acolher em si as transformações históricas, poderíamos responder simplesmente porque Deus atua na história e não fora dela. Realmente, o projeto salvífico de Deus para a humanidade não só teve seu início no interior da história do povo de Israel, mas também a atravessou com sua presença atuante, tendo seu cume na pessoa de Jesus Cristo, e prossegue até nossos dias pela ação contínua do Espírito Santo na comunidade dos fiéis. É o que nos ensina a própria Bíblia, bem como a história da Igreja.

Pelo fato de agir na história, foram as ações de Deus inevitavelmente captadas, entendidas e expressas no contexto sociocultural onde aconteceram, e em estreita dependência das vicissitudes experimentadas pelo povo eleito. Como exemplo, temos as diversas e sucessivas compreensões e expressões para designar o *mesmo* Deus: Deus de nossos pais, Deus libertador da escravidão no Egito, Deus senhor da natureza em Canaã, Deus do período posterior ao exílio, até culminar em Deus Pai misericordioso, revelado por Jesus Cristo. Pois a revelação não prescinde dos contextos vitais e dos eventos sociais. Esta afirmação vale também para o tempo da Igreja, como deixou claro o texto do Concílio Vaticano II, na Constituição Dogmática *Dei Verbum*: a Tradição cresce pela compreensão, pela contemplação, pela experiência, pela pregação do magistério. E conclui: "A Igreja, pois, no decorrer dos séculos, tende continuamente para a plenitude da verdade divina, até que se cumpram nela as palavras de Deus" (DV 8).

Esta importante afirmação conciliar reconhece a historicidade da revelação divina, portanto, reconhece também a historicidade da fé cristã, cuja *verdade* implica a totalidade da história da fé através da Igreja, que atravessa os tempos. Como afirma Joseph Ratzinger:

> Por conseguinte, deveria fazer parte da forma fundamental da verdadeira fé crer com toda a Igreja que está a caminho, aceitar seu ontem e reconhecê-lo aberto ao mesmo tempo para seu amanhã. O fato de o cristão realizar sua fé no sujeito transtemporal Igreja significa a relativização de qualquer hoje, que deve ser reconhecido como uma parte na grande história total da fé; deve medir-se pelo já recebido e permanecer aberto, o rosto voltado para o futuro, para ser conduzido pelo Espírito, que ensina a entender o que agora não poderia ser suportado (cf. Jo 16,12s)[1].

---

1. RATZINGER, op. cit., 38.

III. A diversidade na unidade da fé

Podemos assim afirmar que a fé da Igreja não se limita a um espaço particular ou a um tempo determinado que, inevitavelmente, apresentarão expressões e práticas da fé conforme a linguagem disponível, o contexto social do momento, os desafios enfrentados. Consequentemente, a diversidade estará sempre presente na Igreja, sincrônica ou diacronicamente, sem romper sua unidade garantida pelo Espírito Santo (1Cor 12,13; Ef 4,4). Para quem conhece a história da Igreja, com suas várias teologias da pessoa de Jesus Cristo, ou mesmo dos sacramentos da penitência ou da eucaristia, com as diversas espiritualidades que a enriquecem, ou com as mudanças institucionais que experimentou, sabe, entretanto, que ela permaneceu a mesma Igreja através dos séculos, fiel a seu passado e aberta ao futuro com a assistência contínua do Espírito Santo.

Quem quer fixar a verdade da fé numa expressão ou numa prática do passado esquece que as mesmas são históricas, portanto, limitadas. Esquece ainda que tais expressões, mais do que exaurir em si mesmas a verdade da fé, apenas remetem corretamente o ato de fé para a realidade transcendente que não se deixa aprisionar num conceito. Já dizia Santo Tomás que o ato de fé não se detém no enunciado, mas tende para a realidade crida[2]. Logo, toda expressão teológica enquanto tal é um discurso inacabado, contendo formulações que podem ser ultrapassadas, impedindo que a verdade divina seja encerrada num sistema fechado. Ao viver sua fé, cada geração experimenta a riqueza insondável do mistério cristão[3]. A função da *expressão da fé* é a de orientar corretamente a opção do ser humano. Por exemplo, um dogma de fé consiste em traduzir num outro horizonte cultural a verdade salvífica já expressa no Novo Tes-

---
2. Santo Tomás de Aquino, *Summa Theologica*, II-II, q. 1, a. 6, *sed contra*.
3. Ratzinger, op. cit., 38.

tamento. Embora permaneça sempre como expressão da verdade cristã, ele está aberto para outras expressões provindas de contextos culturais diferentes. A realidade revelada é a mesma, apenas as mediações que para ela apontam podem evoluir ao longo do tempo. Esse fenômeno já pode ser constatado no interior do próprio Novo Testamento.

IV. A Igreja como sacramento da salvação de Deus

Não podemos esquecer que a Igreja é, enquanto instituição humana e divina, *essencialmente de natureza sacramental*. Portanto, ela deve ser expressão, sinal, visibilidade, instrumento da salvação de Deus, revelada em Jesus Cristo (LG 1), por sua pregação e por seu testemunho de vida. Todo o seu sentido está em levar a cabo essa missão ao longo da história. Consequentemente, ela deve deixar *transparecer* o que ela é (DV 8) para as sucessivas gerações, vivendo em contextos socioculturais diversos, com suas linguagens e práticas respectivas. Trata-se do que hoje denominamos "a indispensável inculturação da fé", embora consista num processo difícil e delicado que exige tempo para evoluir e amadurecer, como podemos constatar dos primeiros concílios da Igreja. Aqui toda pressa pode resultar num dano maior.

Mas querer impedir sem mais que novas expressões e práticas da fé cristã possam ser acolhidas pela Igreja constitui um obstáculo tanto para a *sacramentalidade* da mesma quanto para sua *missão* no mundo, pois ela não mais seria entendida como o que realmente é, comprometendo assim sua missão. A própria história da Igreja nos comprova que ela soube se apresentar diversamente ao longo das transformações socioculturais do mundo, mantendo sua verdade e sua unidade.

Por outro lado, reconhecemos na opção de fé uma realidade *teológica*, já que dirigida a Deus, mediada por Jesus Cristo e possibilitada pela ação do Espírito Santo. Mas devemos acrescentar que sua *modalidade é eclesial*, pois chegamos a ela através da pregação e do testemunho de vida da comunidade eclesial. Portanto, a fé do cristão é participação na fé da Igreja, pois só ela goza da plenitude da fé[4]; sendo assim, ela é "o primeiro sujeito da fé (...) que nos ensina a dizer: eu creio, nós cremos" (PF 10).

Desse modo, a salvação de Jesus Cristo nos chega através da comunidade eclesial, enquanto seus membros vivem a caridade e a solidariedade, frutos da ação vitoriosa do Espírito Santo (Gl 5,25). Nossa fé foi plasmada pelo testemunho de nossos pais, familiares, educadores, párocos, que nos passaram não propriamente palavras, mas experiências salvíficas pessoais que atestavam a ação divina acontecendo e sua presença viva e atuante hoje. Esse testemunho é alimentado pela pregação da Palavra, pela recepção dos sacramentos, pelos grupos de partilha da fé, pelas atividades pastorais. Todo esse conjunto constitui a *indispensável sacramentalidade da Igreja*, em vista da vinda do Reino de Deus.

Com o final da era da cristandade, com a irrupção de novas culturas e linguagens, com o advento do pluralismo social juntamente com o individualismo atual, a Igreja se defronta necessariamente com outra sociedade a evangelizar. Para continuar sendo sinal, sacramento de Deus, ela deve ser vista *como tal* pela atual sociedade. Esse fato exige dela a revisão de suas expressões, linguagens, práticas e pastorais, renovação essa já constatada em várias ocasiões de sua história.

Daí a Igreja atravessar em nossos dias um período de instabilidade, que teve seu início na metade do século XX e que persiste até hoje. Daí as tensões, incertezas, desconfortos, angústias, até mesmo experimentadas por alguns católicos, sobre-

---

4. DE LUBAC, H., *La Foi Chrétienne*, Paris, Aubier, 1970, 221.

tudo de idade avançada, mas também presentes entre os jovens. Toda mudança gera mal-estar, nos desaloja de nossos hábitos, exige empenho de adaptação, parece desacreditar nossa fidelidade passada, mesmo que reconheçamos a historicidade da nossa inteligência da fé, portanto, dentro de quadros interpretativos provisórios. Se nos apegamos a eles, podemos impedir o acesso a uma vivência mais autêntica do mistério[5].

V. O papa como guardião e símbolo da unidade eclesial

Neste atual contexto, a figura do papa, mais do que no passado, ganha um importante significado como fator da unidade eclesial, não tanto por sua pessoa individual, mas pela *força simbólica* que representa. Até irmãos separados reconhecem a importância do sucessor de Pedro para a unidade cristã[6]. A sequência de homens de grande vivência espiritual e total dedicação a serviço do Povo de Deus, como podemos constatar nos últimos papas, só fez crescer o respeito pela autoridade dos sucessores de Pedro, e igualmente o amor e o carinho que o povo brasileiro tem pelo bispo de Roma.

Já desde os primeiros séculos de cristianismo, a pessoa do sumo pontífice foi vista como instância suprema nas disputas doutrinais e como fator de unidade dos cristãos. Por outro lado, devemos reconhecer que cada papa traz consigo a índole de seu país, a sua formação espiritual e teológica, seu modo pessoal de ser, sua sensibilidade pastoral; fatores que certamente irão configurar o seu pontificado. Portanto, é natural que tenhamos maior afinidade com esse ou aquele sumo pontífice ou que possamos mesmo dissentir de alguns de seus pronunciamentos, sobretudo em tempos de transformações e de inovações como hoje presenciamos.

---
5. Ratzinger, op. cit., 15-20.
6. Pannenberg, W., *Kirche und Ökumene*, Göttingen, Vandenhoeck&Ruprecht, 2000.

VI. Sentir com a Igreja

O que nos é inteiramente vetado consiste em levar nossa crítica ao grande público, divulgando dissenções no interior da Igreja, sobretudo quando ocorrem por parte de autoridades eclesiásticas. Tal procedimento atinge e deprecia a sacramentalidade da mesma, ultimamente já prejudicada pelos escândalos de cunho financeiro e sexual. Guardadas as proporções, o mesmo cuidado vale diante dos pronunciamentos da Conferência Nacional dos Bispos do Brasil, enquanto representa a unidade da Igreja em nosso país.

Observemos ainda que a unidade e a sacramentalidade da Igreja têm sua fonte na atuação contínua do *Espírito Santo*, que não só anima e sustenta a fé de seus membros, mas igualmente é fator *de caridade e de união*, pois a Igreja é "a sociedade do Espírito"[7]. Sua atividade não pode ser coibida ou extinta (1Ts 5,19), nem ser invocada para justificar decisões precipitadas em seu nome. Nossas ressalvas às autoridades da Igreja devem partir de um profundo *amor à Igreja*, pois só assim são realmente animadas pela ação do Espírito Santo em nós. Esse amor tanto nos leva a acatar pronunciamentos e decisões da hierarquia quanto a comunicar a quem compete nossas objeções. Deveríamos sentir os ataques à Igreja como ataques a nossas próprias pessoas, como ataques a nossa mãe, da qual tudo recebemos para nossa fé.

Naturalmente as transformações na Igreja nos atingem, podem nos incomodar e trazer insegurança, já que questionam nossas compreensões e práticas familiares, exigindo de nós uma profunda *liberdade espiritual*. Pois sempre pensamos e avaliamos as realidades e os acontecimentos a partir de nossa chave de leitura, de nossas experiências pessoais, de nossos medos e preconceitos, de nossas motivações nem sempre expressas, en-

---
[7]. Santo Agostinho, *Sermo* 71, c. 19, n. 32.

fim, de interesses que podem não sintonizar com uma autêntica ação do Espírito Santo.

A liberdade interior e o amor à Igreja caracterizam uma autêntica sensibilidade eclesial, pois são os pressupostos para podermos discernir o que provém da ação do Espírito, para podermos escutar o diferente, para estarmos capacitados ao diálogo, para nos deixarmos questionar em nossas certezas. A sociedade se encontra em rápida transformação, e a Igreja não pode permanecer fixada numa configuração do passado, sob pena de se esvaziar, como vemos acontecer em países do hemisfério norte. Igualmente a atitude contrária de querer queimar etapas dificilmente pode ter sua fonte na ação do Espírito, que sempre age *fortiter et suaviter*.

Sem dúvida, deixar-se guiar pelo Espírito Santo exige de todos nós uma autêntica *conversão (metanoia)*, um crescimento na vivência da fé e um verdadeiro sentir com a Igreja. Devemos remover os obstáculos a uma autêntica liberdade cristã, provenham eles de condicionamentos de cunho teológico, psicológico, sociológico, cultural ou ideológico. Tarefa difícil, mas possível, se soubermos procurar ouvir o Espírito numa vida de oração e escutarmos nossos irmãos que não pensam como nós.

Desafios atuais

Evangelização e instituições confessionais hoje

Introdução

O tema que me foi proposto atinge em cheio o próprio *sentido* das instituições católicas, seja no setor da educação, da saúde, da assistência, da formação cívica, para citar os mais importantes. Pois como razão de ser, fonte inspiradora e motivação última para a existência dessas instituições, está o próprio Evangelho com seu imperativo do amor ao próximo e com seu mandato de proclamar o Reino de Deus. Duas modalidades de evangelização, do testemunho e da palavra, intimamente conexas e que constituem, afinal, a razão de ser da própria Igreja. Entretanto, não devemos esquecer que tais instituições católicas estão inevitavelmente inseridas na história humana e, portanto, confrontadas sempre com novos desafios, que exigem das mesmas a tarefa de repensar seu papel nos novos contextos socioculturais. Esse esforço para se entender e se estruturar, a fim de manter sua finalidade pastoral, acaba por repercutir na *própria compreensão* que as instituições confessionais têm de si mesmas e de seus objetivos.

Muito brevemente e reconhecendo de antemão a necessidade de maiores precisões de cunho histórico, podemos constatar a existência e a atuação das instituições confessionais, cristãs ou católicas como queiramos entender, no período caracterizado como o tempo da *cristandade*. Nessa época, o espírito cristão levou a Igreja a ter a iniciativa de criar instituições que aliviassem os sofrimentos das camadas mais pobres da sociedade, tais como casas de misericórdia, asilos, hospitais, albergues, leprosários etc. O mesmo se deu na área da educação com escolas e colégios, tendo mesmo a universidade sua origem no interior da própria Igreja. Seja no setor assistencial, seja no setor educativo, as instituições confessionais dessa época supriam o que a sociedade não oferecia. Naturalmente, devido ao fato de que os membros dessa sociedade eram cristãos, a evangelização se realizava seja pelo testemunho de vida dos responsáveis, seja pelo anúncio explícito da Palavra de Deus, seja pela prática sacramental. Desse modo, ao remediar os sofrimentos corporais ou ao formar as mentes dos alunos, transmitiam-se os valores cristãos; portanto, a pastoral já estava aí presente e atuante.

Com o advento da *modernidade*, a sociedade homogênea e cristã do passado chega a seu fim. A hegemonia da razão, a liberdade de pensamento e de opção religiosa, a autonomia do Estado, o pluralismo cultural, entre outros fatores, conduzem ao nascimento de uma sociedade leiga, pluralista, assumindo então o poder civil o lugar da Igreja no âmbito assistencial e educativo. Preocupada em proteger seus membros dessa sociedade heterogênea e vista como hostil à sua mensagem, a Igreja assume um posicionamento contracultural e cria "redutos de cristandade" para poder dar assistência e instrução a seus membros em ambientes preservados. Nas escolas, universidades e hospitais católicos se respiravam valores cristãos, e a formação religiosa acontecia naturalmente por se dirigir a um público católico, portanto, homogêneo[1].

Em nossos dias, um maior controle do Estado em nossas instituições educativas e assistenciais, seja em vista de uma uniformização em relação às demais instituições não confessionais, seja pela ajuda financeira que elas necessitam para sobreviver, acaba por abrir suas portas a um *público diversificado* e nem sempre em sintonia com a identidade confessional dessas mesmas instituições. De um lado, não podemos renunciar ao múnus da evangelização, pois nossas instituições perderiam seu sentido; de outro lado, não podemos obrigar aqueles que nos procuram e que não compartem nossa fé a se submeterem a um discurso que não querem ouvir. Esse desafio vem sendo objeto de estudo e de discussão em vários países, sobretudo no setor da educação. As propostas de solução são numerosas, indo desde o ensino de várias religiões até ao outro extremo de absoluto silêncio sobre temas religiosos[2].

Não pretendemos aqui oferecer uma solução pronta para esse desafio. Falta-nos a competência e a experiência nesse setor. Porém, podemos olhar com outros olhos para essa problemática, levando a sério o atual contexto sociocultural no qual vivemos e no qual se encontram as instituições confessionais. Motivou-nos as palavras do papa Francisco em sua Exortação Apostólica *A alegria do Evangelho*: "Convido todos a serem ousados e criativos nesta tarefa de repensar os objetivos, as estruturas, o estilo e os métodos evangelizadores das respectivas comunidades" (EG 33). Assim vamos tentar oferecer uma *nova perspectiva de leitura* que possibilite uma saída para o atual impasse. Nova porque, queiramos ou não, temos sempre diante dos olhos o que foi considerado válido e eficaz na época da cristandade. Vemo-la como uma

---

1. KOMONCHAK, J. A., Modernity and the Construction of Roman Catholicism, *Cristianesimo nella Storia*, 18 (1997) 353-385.
2. Para o setor do ensino, ver DERROITTE, H., Cours de religion catholique et pluralité religieuse, *Revue Théologique de Louvain*, 41 (2010) 57-85.

época de ouro do cristianismo ao silenciar suas lacunas e seus erros. De qualquer modo, naqueles anos o ardor missionário da Igreja estava voltado para outros povos situados fora da Europa, e a pastoral consistia em grande parte na transmissão da fé para as novas gerações, através de uma boa formação religiosa e da oferta de meios de santificação, especialmente das devoções e dos sacramentos. Era uma pastoral que hoje caracterizamos como "pastoral de manutenção" e que se revela insuficiente em nossa sociedade secularizada e pluralista.

Nosso público é um público altamente diversificado, que espelha a atual sociedade no interior de nossas instituições, pois essas abrigam não só bons cristãos, mas também católicos não evangelizados, distantes, assim como cristãos de outras Igrejas, adeptos de outras religiões, ou ainda pessoas simplesmente avessas a qualquer credo religioso. Só essa realidade já exigiria uma pluralidade de discursos e práticas que se comprova irrealizável em nossas instituições. Daí surge a pergunta: seria possível uma pastoral com tal grau de *universalidade*, que pudesse ser captada, aceita e seguida pelos diversos grupos humanos presentes em nossas instituições? Naturalmente essa pastoral deveria provir do Evangelho para ser de fato uma pastoral cristã. Permite o Evangelho uma nova perspectiva de leitura do próprio cristianismo, que abrisse a possibilidade de uma nova pastoral? Tais questões vão dirigidas à teologia, à qual incumbe refletir sobre a fé cristã. Tal será nossa abordagem, que pretende apresentar um outro horizonte teológico que permita aos responsáveis pelas instituições confessionais enfrentarem o atual desafio com a competência e a experiência que lhes são próprias.

I. Um novo enfoque na pastoral

Nosso objetivo é oferecer uma alternativa à prática pastoral tradicional que consiga, de um lado, sensibilizar diferentes mentalidades e crenças, e, de outro, se manter fiel à mensagem evangélica. Começaremos por apresentar uma fundamentação teológica indispensável para podermos compreender a *correta missão da Igreja*, em vista desta nossa atual sociedade. Fá-lo-emos em duas etapas. Primeiramente vamos recordar *noções básicas*, como a pessoa de Jesus Cristo, ao anunciar e realizar o Reino de Deus, a distinção entre fé e religião, de grande atualidade devido às transformações socioculturais hodiernas e às correspondentes mudanças na instituição eclesial, e, por fim, a própria missão da Igreja. Numa segunda parte, vamos oferecer *pressupostos* para podermos entender a *estratégia pastoral* sugerida no final desta exposição. Tais pressupostos tratam de temas como o humanismo cristão, o cristianismo como realidade simbólica e a tarefa missionária em nossos dias.

II. Jesus Cristo e o Reino de Deus

Não podemos falar de Jesus Cristo sem incluir a realidade do *Reino de Deus*. Sua pessoa, sua pregação e suas ações ficariam incompreensíveis sem uma clara referência ao objetivo primordial de sua existência, pois Jesus nunca escondeu ter sido *enviado* pelo Pai para levar à plenitude o desígnio salvífico de Deus. Esse desígnio começa já com a criação, pois, através dela, Deus quer fazer a humanidade participar de sua felicidade e de sua vida eterna, felicidade essa que deverá ter início já neste mundo. E, como o ser humano é essencialmente social, esse desígnio salvífico não se limita apenas ao indivíduo, mas diz necessariamente respeito à sociedade. Sabemos, entretanto, que o pecado, enquanto fechamento a Deus e ao próprio semelhante, constituiu um entrave à realização do plano divino. Daí a necessidade de educar um povo, de constituí-lo como seu povo, através da Torá e de líderes como Abraão, Moisés e os profetas.

O Reino, já antes de Cristo, era uma realidade em curso, a qual constitui mesmo o quadro de referência que dá sentido às palavras e às ações do próprio Jesus Cristo, pois, ao começar sua vida pública proclamando que "cumpriu-se o tempo e o Reino de Deus está próximo: convertei-vos e crede no Evangelho" (Mc 1,15), Jesus atesta que esse Reino definitivamente *irrompe em sua pessoa*. Daí que toda a sua vida consistirá em promover esse Reino. Não um Reino confinado à interioridade da pessoa, já que necessariamente atinge também as condições concretas em que ela vive. Assim, suas ações buscam socorrer os que sofrem, os marginalizados, os desesperançados, os pecadores, os pobres (Mt 11,5). Suas palavras visam à implantação de uma sociedade fraterna e justa, na obediência à vontade de Deus, levando à plenitude o amor fraterno já presente no povo da antiga aliança. O Povo de Deus pode ser considerado como a família de Deus, pois seus membros são filhos do mesmo Pai e irmãos entre si. Mas também pode e deve ser considerado uma *sociedade alternativa* à sociedade marcada pelo egoísmo humano, pela injustiça e pelo sofrimento dos mais fracos[3]. Isso porque à Igreja incumbe ser a própria sociedade querida por Deus, redimida por Cristo, antecipação da comunidade celeste, pois nela não só se prega, mas se vive a liberdade, o amor e a justiça[4].

Portanto, a fé cristã se dirige não a um Deus qualquer, mas ao Deus de Jesus Cristo, ao *Deus do Reino*, ao Deus cuja ação salvífica na história humana busca realizar uma convivência fraterna entre os seres humanos. Essa ação se realiza através de homens e mulheres que, vencendo suas tendências egocêntricas, se dedicam a ajudar os mais necessitados e a viver a aventura do amor cristão. Crer no Deus do Reino implica sintonizar com seu plano salvífico, incutir amor e justiça nesta sociedade

---

3. Para uma fundamentação de cunho bíblico sobre o sentido do Reino de Deus que adotamos, ver LOHFINK, G., *Deus precisa da Igreja? Teologia do povo de Deus*, São Paulo, Loyola, 2008.
4. Id., *Jesus von Nazaret. Was er wollte, wer er war*, Herder, Freiburg, 2011, 338.

individualista, ser um fator de humanização da mesma; numa palavra, como Jesus, viver descentrado de si mesmo e voltado para seu semelhante. Essa é a *verdadeira fé que atua pelo amor* (Gl 5,6). Consequentemente, toda a missão da Igreja consiste em proclamar essa oferta do Reino. Toda a sua ação evangelizadora consiste em levar homens e mulheres a trabalhar pela realização desse Reino. Nisso consiste fazer a vontade do Pai como o fez Jesus, nisso consiste ser discípulo de Jesus, nisso se caracteriza *essencialmente* a pastoral cristã.

III. A distinção entre fé e religião

Quando falamos de cristianismo, pensamos logo numa das religiões da humanidade sem nos darmos conta do *modo peculiar* com que o cristianismo pode ser considerado sem mais religião. Nos Evangelhos, Jesus demonstra em suas ações e em suas palavras um certo distanciamento da religião de seu tempo, pois relativiza o templo de Jerusalém (local sagrado), o dia de sábado (tempo sagrado), autoridades religiosas (pessoas sagradas), tradições religiosas, sempre em favor do *ser humano em necessidade*, como nos atestam os vários episódios narrados pelos evangelistas. Sua missão em vista da realização do Reino de Deus não estava voltada para doutrinas, ritos, leis, prescrições morais, práticas religiosas, mas simplesmente para o amor mútuo, o perdão, a convivência pacífica, a partilha de bens, a paz e a justiça na sociedade. O sagrado para Jesus era o próprio *ser humano*. Para ele, o relacionamento com o Deus do Reino não podia descartar o próprio semelhante, nem ignorar as condições reais em que vivia. Jesus retoma assim uma linha profética que lhe trará problemas com as autoridades religiosas de seu tempo.

Quando pensamos em *religião*, nos vem imediatamente à mente doutrinas, ritos, normas, autoridades que caracterizam um grupo social, distinguindo-o de outros grupos religiosos. O sagrado se encontra nesses elementos e a pessoa religiosa deve aderir aos mesmos, submetendo-se a suas prescrições de cunho doutrinal, ético ou ritual. Cria-se assim uma separação entre a esfera do sagrado e o âmbito do profano, a saber, da vida normal e cotidiana. Com razão se observa que as religiões, por se distinguirem entre si, acabam por se considerarem rivais e provocarem conflitos na humanidade, como realmente nos comprova a história. Não podemos afirmar que Jesus pretendeu o fim da religião, mas devemos sustentar que seu projeto implicava uma outra modalidade de religiosidade que não separava sagrado e profano, que assumia plenamente a vida humana com toda sua riqueza e complexidade, que unia o culto ao Pai com o cuidado com o irmão, que determinava se dar o encontro com Deus nas próprias opções cotidianas em favor do projeto de Deus[5].

Já foi sugerida a distinção entre fé, crença e religião[6]. A *fé* consistiria numa resposta pessoal e consciente ao convite de Deus em Jesus Cristo, pela orientação da própria vida em vista da realização do Reino de Deus na humanidade. Portanto, ela implica uma entrega confiante ao Deus de Jesus Cristo, que acaba por estruturar toda a vida do cristão. A *crença* diz mais respeito aos dogmas e às doutrinas diversamente entendidas e acolhidas pelas pessoas, herdadas de uma tradição familiar que prescinde de convicções firmes e refletidas. *Religião* já indicaria o conjunto de leis, normas morais, práticas cultuais, devoções, que caracterizam uma comunidade de fiéis. A história do cristianismo nos mostra que a época de cristandade possibilitou para muitos o acesso a crenças e à religião cristã, mas não a uma fé consciente. Daí o afastamento de muitos em nossos dias, quando a sociedade pluralista e secularizada já não sustenta tal religiosidade.

---
5. CASTILLO, J. M., *La humanización de Dios. Ensayo de cristología*, Madrid, Trotta, 2009, 93-117.
6. MOINGT, J., *Croire quand même*, Paris, Temps Présent, 2010, 34-44.

A fé implica mais do que pertencer à religião cristã, pois atinge e transforma a totalidade da pessoa pelo acolhimento consciente de Jesus Cristo: como *caminho*, tornando-se seu discípulo, como *verdade*, interpretando toda a realidade a partir de sua pessoa, e como *vida*, experimentando seu Espírito que nos faz relativizar as limitações e sofrimentos próprios da condição humana[7]. Pela fé em Deus Transcendente, a pessoa se abre para além de si mesma, vence a prisão de seu egoísmo, sente-se levada por uma força que a liberta para os outros, experimenta que Deus se encontra no ser humano acolhido e, portanto, na realização de seu Reino entre nós. Isso porque o Deus de Jesus Cristo não pode ser isolado de seu projeto salvífico, assim como o autêntico amor a Deus não pode prescindir do amor fraterno. A fé nos lança nessa aventura que é a existência humana no seguimento de Cristo e na fidelidade a Deus, por nos tornar conscientes de nossa responsabilidade na história.

IV. A missão da Igreja

Do que vimos fica claro que a missão da Igreja é levar homens e mulheres a viver uma fé consciente e real, que vá além de práticas tradicionais ou de um catolicismo cultural e inoperante. Para se obter tal finalidade, a *pessoa de Jesus Cristo* deve aparecer como o tema mais importante dessa pastoral. Realmente sua vida, voltada totalmente para os mais necessitados numa fidelidade coerente até a morte, representa para todos uma força motivacional de enorme significado, pois sua vida e seu comportamento nos desconcertam; o Deus que nela se revela nos surpreende[8]. Não se trata de aceitar um pacote de doutrinas, de certezas, de representações infantis, que acabam

---
7. ROLLET, J., Religion et Foi, in: DORÉ, J.; THEOBALD, CH. (dir.), *Penser la Foi. Melanges offerts à Joseph Moingt*, Paris, Cerf, 1993, 311.
8. ROUET, A., *L'étonnement de croire*, Paris, Atelier, 2013, 95s.

por gerar a falta de fé entre nossos contemporâneos. É só no *encontro pessoal* com Jesus de Nazaré que irá se desencadear um sério compromisso com Deus e um empenho em prol da realização de seu Reino neste mundo. O cristão é diferente, não é como todo mundo, pois em Jesus Cristo se nos revela não somente o amor e a misericórdia infinita de Deus por nós, mas também como devemos moldar nossa existência para corresponder a esse amor. Assim fazendo seremos discípulos *autênticos* daquele que deu sua vida pela vinda do Reino de Deus.

A centralidade da fé, que opera pela caridade no relacionamento com Deus, não exclui que a mesma se expresse em doutrina, ganhe corpo no culto, se submeta a normas morais e se institua como comunidade de fiéis. Mas já Santo Tomás observava: a religião não é a fé, mas apenas os sinais exteriores que manifestam essa mesma fé[9]. Não se prendeu demasiado a Igreja no passado à dimensão religiosa da fé cristã, deixando em segundo plano sua dimensão mais propriamente evangélica? Na expressão de um autor: "Jesus não lega para os seus um código ritual, ou legislativo, ou dogmático, a não ser um humanismo novo, um modo de se viver em relação de uns para com os outros que decorre diretamente da Paternidade universal de Deus"[10]. Ou nas palavras de outro teólogo: "O que Jesus veio ensinar é que encontramos a Deus no ser humano. Com outras palavras, quem encontrar o ser humano e se relacionar corretamente com ele, este (e somente este) é aquele que encontra a Deus"[11].

Se temos presente que a encarnação do Filho de Deus revela um Deus amor que se faz pequeno e frágil, humilde e profundamente humano, para vir ao nosso encontro, para resgatar-nos da degeneração, para libertar-nos do pecado e do egoísmo, para possibilitar uma convivência humana feliz, fun-

---
9. SANTO TOMÁS DE AQUINO, *Summa Theologica*, II-II, 94,1, ad 1.
10. MOINGT, J., *Faire bouger l'Église catholique*, Paris, Desclée de Brouwer, 2012, 21.
11. CASTILLO, J. M., *Deus e a nossa felicidade*, São Paulo, Loyola, 2006, 64.

dada no amor e na justiça, então não pode ser outra também a missão dos discípulos de Cristo, a missão da Igreja. O Evangelho *humaniza* profundamente o ser humano, pois lhe indica sua identidade profunda: criado por um gesto gratuito de Deus, sua existência só recebe o seu sentido último quando *prolonga* esse mesmo gesto (amor gratuito) no relacionamento com seus semelhantes, tal como nos atesta a história de Jesus de Nazaré. Por outro lado, a própria história da humanidade nos comprova que, cada vez que ela se afasta do ideal evangélico, tanto mais selvagem e desumana se torna.

V. O humanismo cristão

A *verdade* da vida cristã está na qualidade de sua relação com os demais, está no cotidiano vivido na perspectiva do Evangelho. O culto cristão é primeiramente o culto da oferta da própria vida (Rm 12,1), ou, como expressa o autor da Carta aos Hebreus: "Não vos esqueçais da prática do bem e da partilha, pois estes são os sacrifícios que agradam a Deus" (Hb 13,16). A salvação cristã não se situa apenas na outra vida, mas já acontece no interior da história, na realização, embora imperfeita e voltada para o futuro, do próprio Reino de Deus. Tendo presente tudo o que implica a salvação cristã segundo os Evangelhos, pôde um teólogo afirmar: "Quando trabalhamos pela humanização do homem, trabalhamos pela salvação da humanidade"[12]. Diante de uma cultura desumanizante, marcada pelo culto à eficiência e à produtividade, submissa ao dinheiro e ao consumismo, que considera a pessoa humana apenas uma peça substituível na engrenagem produtiva, a missão da Igreja consiste em *humanizar esta sociedade*, ajudando a pessoa humana a encontrar o sentido de sua própria dignidade, de sua liberdade e

---

12. MOINGT, *Faire bouger*, op. cit., 131.

de sua transcendência. Nessa luta se encontra Deus[13], um Deus que quis se servir dos seres humanos para levar a cabo seu desígnio salvífico na história, como nos ensina a Bíblia.

A *postura crítica* de Jesus diante da religião de seu tempo expressa-se em suas ações de curar aos sábados, de perdoar os pecados, de frequentar os excluídos, enfim, de ir ao encontro do ser humano em necessidade; ações essas, explicitadas em seus ensinamentos (sermão da montanha) e em suas parábolas, como a do bom samaritano (Lc 10,29-37), ou com a solene cena do juízo final (Mt 25,31-46), nos mostram o cristianismo mais como um humanismo do que como uma religião. Naturalmente não um humanismo qualquer, nem mesmo um humanismo secularizado de raízes cristãs. Poderíamos falar mesmo de um *humanismo cristão*, não religioso, enquanto a fé no Deus do Reino determina a dignidade de todo ser humano e fundamenta sua convivência social na paz e na justiça, tal como aconteceu no início do cristianismo. Mais tarde, por fatores históricos, como o batismo das crianças e a promoção à religião oficial, a conversão perde seu peso e as doutrinas, os ritos e as normas ganham maior valor salvífico[14].

Sendo particular, Jesus Cristo demonstra, entretanto, em sua pessoa e em sua mensagem do Reino de Deus, um componente intrínseco de *universalidade*. Igualmente o cristianismo que, abrigando em si doutrina, culto e hierarquia, não pode permanecer prisioneiro desses elementos, não pode ser reduzido a "componentes religiosos". "Nele, o princípio do amor abarca todos os seres, tanto o domínio religioso como o secular"[15] e,

---

13. Francisco, *Evangelii Gaudium*, n. 71: "A presença de Deus acompanha a busca sincera que indivíduos e grupos efetuam para encontrar apoio e sentido para a sua vida. Ele vive entre os citadinos promovendo a solidariedade, a fraternidade, o desejo de bem, de verdade, de justiça".
14. Moingt, J., *Deus que vem ao homem. Da aparição ao nascimento de Deus II*, São Paulo, Loyola, 2012, 436s.
15. Tillich, P., *Christianity and the Encounter of World Religions*, Minneapolis, Fortress Press, 1994, 52.

poderíamos acrescentar, o individual e o social, o profano e o sagrado, o cotidiano e o sentido último da vida. Nisso "sereis reconhecidos como meus discípulos" (Jo 13,35).

VI. O cristianismo como realidade simbólica

Contudo, reduzir o cristianismo a um humanismo evangélico não equivaleria a vê-lo desaparecer? Onde estaria sua identidade? Onde estaria sua referência a Deus, a uma realidade transcendente? Estas questões nos pedem uma reflexão sobre a *natureza simbólica* do próprio cristianismo. Como pode Deus, mantendo sua transcendência, se fazer presente e atuante em nosso mundo, a não ser através de símbolos[16]. Pois esses apontam para além de si próprios, remetem a outra realidade, deixam transparecer neles o que não são. Não são meros sinais convencionais, como os semáforos do tráfego. Isso porque, de fato, *participam e partilham* de algum modo da realidade neles simbolizada. A tal ponto que se pode dizer que, neles, a realidade transcendente está presente e atuante. Esta afirmação vale tanto para uma celebração sacramental como para a vida de um santo. De fato, no cristianismo tudo é simbólico: a Bíblia, a comunidade eclesial, os sacramentos, a Palavra de Deus, os dogmas, os pronunciamentos do magistério, pois sua finalidade última ultrapassa sua materialidade, remetendo a pessoa para Deus.

Mas, para que o símbolo seja compreendido como tal, é importante que *seja captado* ou interpretado em sua verdade simbólica. Só assim ele pode comunicar o que pretende. Para isso deve haver um olhar, um interesse, uma participação da pessoa na realidade simbolizada. Deve haver um envolvimento existencial, subjetivo, e até mesmo experiencial, para que o símbolo possa se manifestar em toda sua verdade. Caso contrário serão

---

16. Ver HAIGHT, R., *Dinâmica da Teologia*, São Paulo, Paulinas, 2004, 149-187.

considerados apenas em sua realidade finita e, como tal, mal interpretados. Neste ponto já vislumbramos *duas causas* entre outras para certa indiferença religiosa. A primeira vem dos próprios símbolos cristãos não devidamente entendidos, por se apresentarem numa linguagem incompreensível para muitos, como nos comprovam certos textos litúrgicos. A segunda é mais desafiante, pois provém da própria sociedade pluralista, onde muitos carecem do horizonte interpretativo próprio da fé cristã. Como evangelizar, como fazer para levá-los a acolher as verdades salvíficas presentes nesses símbolos, se lhes falta o olhar adequado? Que símbolos cristãos poderiam sensibilizá-los para a fé cristã?

Uma primeira resposta estaria na própria *vida do cristão* como realidade simbólica, pois "perseverar na prática do bem" (Rm 2,7), em nossa atual sociedade, contém em si uma referência inequívoca a Deus. Vejamos. A pessoa humana está continuamente manifestando, através de seu comportamento, o que tem no coração. Seus ideais, seus valores, seus sentimentos se tornam *inevitavelmente visíveis* através de seus gestos e de suas palavras. A *vida concreta* do cristão remete à sua fé no Deus de Jesus Cristo, no Deus do Reino, pois somente sua fé pode explicar um comportamento que destoa, muitas vezes, do que encontramos na sociedade. Somente sua fé indica o mistério da cruz, porque não se ama sem renunciar a si próprio e a seus interesses. O *testemunho de vida* do cristão aponta, assim, para Jesus Cristo vivo, que atualmente determina, orienta, dá sentido e força para sua existência. Em si, ele irradia Deus para seus contemporâneos, como o fizeram Francisco de Assis ou Teresa de Calcutá. De fato, somos cristãos porque acolhemos o testemunho de vida dos que nos precederam, nossos pais ou outros[17]. Examinemos mais de perto esta afirmação.

---

17. Ver França Miranda, M., *A Igreja que somos nós*, São Paulo, Paulinas, 2013, 184-189.

VII. A tarefa missionária em nossos dias

Consequentemente, a Igreja enquanto comunidade dos seguidores de Jesus Cristo, enquanto às voltas com a realização do Reino de Deus, deveria primeiramente testemunhar *em sua vida* a irrupção dessa sociedade alternativa querida por Deus. Um *modo de existência* que toca a todos, que interpela, que arrasta, numa palavra, que evangeliza. Um modo de existência que exige de todos nós que somos Igreja uma *conversão ao Evangelho*, uma maior coerência entre nossas palavras e nossa vida, uma maior preocupação com o ser humano do que com doutriná-lo, agregá-lo ou conquistá-lo para nosso meio.

Além dessa mudança de cunho existencial, deve a Igreja mudar seu *olhar* com relação à sociedade que parece afastada de seus critérios e de sua influência[18]. Não vê-la primeiramente como uma realidade que se emancipou de sua tutela e deve outra vez ser conquistada para retornar à casa paterna. Naturalmente essa sociedade secularizada abriga em si muitas dúvidas, sofrimentos, desorientações, injustiças, realidades às quais o Evangelho poderia aportar luz, sentido e consolo. Mas é importante, diante dela, ter primeiramente um *olhar de compaixão* e não de censura e julgamento, pois nela também está agindo o Espírito de Deus, também ela deve ser escutada, também ela pode nos ensinar[19]. Trata-se de saber acolher e procurar entender o diferente antes de rejeitá-lo por não entrar em nosso modo de pensar.

Também deverá a Igreja mudar a *natureza de sua missão*, a ser considerada mais em seu aspecto de humanização do que propriamente como atividade religiosa. Não se nega a força de

---

18. Para esta parte nos inspiramos na obra de Moingt, *Deus que vem ao homem II*, op. cit., 451-460.
19. Papa Francisco, *Evangelii Gaudium*, n. 254: "O mesmo Espírito suscita por toda a parte diferentes formas de sabedoria prática que ajudam a suportar as carências da vida e a viver com mais paz e harmonia. Nós, cristãos, podemos tirar proveito também dessa riqueza consolidada ao longo dos séculos, que nos pode ajudar a viver melhor as nossas próprias convicções".

humanização presente na pregação cristã, como nos atesta a própria história do cristianismo. Mas, hoje, *diante do auditório que temos*, se trata sobretudo de levar nossos contemporâneos a assumir responsavelmente a tarefa histórica da construção de um mundo mais humano. Tendo presente o que foi dito anteriormente sobre o Reino de Deus e o desígnio salvífico do Deus do Reino, de modo algum estamos traindo o mandato missionário de Jesus Cristo, pois a pessoa de Jesus Cristo, seu modo de ser e suas palavras, abrigam significados, valores, interpelações, orientações que, hoje, estão sendo *ansiosamente buscados* por muitos desta sociedade individualista, funcional e, numa palavra, desumana. O símbolo do Reino de Deus transforma metas e ideais atuais em metas e ideais de Deus, pois o Espírito Santo atua continuamente em todos os membros da sociedade.

Constatamos a rejeição de muitos dos nossos contemporâneos quando proclamamos doutrinas, dogmas, normas morais a serem seguidas impositivamente, já que só nós temos a verdade e sabemos o que é bom. Entretanto, a proclamação do Reino pode ser efetuada também numa *linguagem* não religiosa, mas profundamente humana. A *ética de humanização* introduz já seus seguidores no plano salvífico de Deus e lhes garante a realização plena de suas existências, pois esta consiste em sair de si e se sensibilizar pelo próximo necessitado, como nos mostra a cena do bom samaritano. Desse modo lhes possibilita também, vencendo seus preconceitos, captar a beleza da mensagem cristã e seu dinamismo de vida e de felicidade.

Como diz tão claramente a Constituição Pastoral *Gaudium et Spes*:

> A Igreja restabelece e eleva a dignidade da pessoa humana, fortalece a coesão da sociedade humana e reveste de sentido mais profundo e de significação a atividade cotidiana dos homens. Desse modo, através de cada um de seus membros e de toda a

sua comunidade, a Igreja acredita poder ajudar muito a tornar mais humana a família dos homens e sua história (GS 40).

Tarefa essa que compete a todos na Igreja, já que se trata de comunicar não uma sabedoria teórica, mas um espírito, o espírito cristão, presente no Evangelho. E também devemos confessá-lo presente em muitos membros da sociedade que, embora sem o rótulo de cristãos, o vivem até com maior autenticidade e verdade.

VIII. Uma estratégia pastoral

Estamos acostumados a considerar ações evangelizadoras apenas aquelas vistas como "religiosas": celebrações, pregações, encontros, apostolados, iniciativas caritativas de membros da Igreja etc. Um público tão diversificado quanto o que está presente em nossas instituições, um público que se considera emancipado da tutela da religião, um público ainda ressentido com uma Igreja autoritária e fria, um público distante da Igreja, mas encantado com a pessoa de Jesus e sedento de Deus, exige que a ênfase seja posta numa *outra modalidade de pastoral*, sem excluir naturalmente a modalidade tradicional, fundamental mesmo para a identidade e a existência da Igreja. Mas entrar em cheio nas lutas de nossos contemporâneos por uma sociedade mais justa, por uma natureza mais preservada, por um respeito à liberdade, por uma diminuição das desigualdades no âmbito do ensino e da saúde, saber ouvir e aprender da sociedade, saber correr o risco de errar, apresentar-se com a humildade e a fragilidade de seu fundador, é o que Deus pede de sua Igreja neste momento da história humana.

Julgo que nessa prática pastoral não deva ser omitido o *anúncio explícito de Jesus Cristo* (EG 110), ou mesmo uma referência ao cristianismo, pois tal opção incorreria em ignorar a própria história da humanidade e as raízes cristãs dos valores da atual sociedade. Sem falar que a figura histórica de Jesus de Nazaré, apresentada como convite à liberdade humana, releva uma *força de atração* enorme e não deixa de tocar o coração humano. Em Jesus Cristo, temos o humano autêntico, o humano querido por Deus, o humano não degradado pelo pecado que desumaniza. Daí a afirmação do Concílio Vaticano II: "Cristo manifesta plenamente o homem ao próprio homem e lhe manifesta sua altíssima vocação" (GS 22). Ou, nas palavras do papa Francisco: "Chegamos a ser plenamente humanos quando somos mais do que humanos, quando permitimos a Deus que nos conduza para além de nós mesmos, a fim de alcançarmos o nosso ser mais verdadeiro" (EG 8).

Não podemos negar, entretanto, que, implícita nessa modalidade de pastoral, se encontra uma *referência a Deus*, uma abertura para o Transcendente, pois o amor incondicionado pelo outro necessitado exige uma saída de si, uma renúncia pessoal, que *não se justifica racionalmente*, apontando assim para a ação do Espírito de Deus no ser humano que o liberta da prisão de seu egoísmo, fazendo-o participar do mistério pascal. Sem dúvida, estamos às voltas com uma pastoral que privilegia, sem excluir os demais componentes, a vivência real da fé, sua *realização concreta*, tão enfatizada por Jesus, mas relegada em certas ocasiões da história da Igreja a segundo plano, diante da preocupação doutrinal, do controle moral e da estrutura jurídica, em vista da sobrevivência da instituição eclesial.

Trata-se de recolher e valorizar os anseios de humanização, solidariedade e justiça presentes na sociedade, para chegar a uma proclamação significativa do Reino de Deus. Convém que sejamos uma Igreja mais *inclusiva*, sabendo irradiar a mensagem cristã unida a outras Igrejas ou comunidades cristãs, a outros grupos religiosos, e também àqueles refratários à religião, desde que lutem pela humanização da sociedade, pois estão conosco levando adiante o desígnio divino do Reino de Deus (EG 257).

Reconheço, de antemão, que a questão é mais complexa e exigiria considerar outros elementos aqui não mencionados. Entretanto, repito, o que nos motivou a apresentar esta reflexão, embora limitada e incompleta, foram as palavras de incentivo de nosso papa Francisco: "Convido todos a serem ousados e criativos nesta tarefa de repensar os objetivos, as estruturas, o estilo e os métodos evangelizadores das respectivas comunidades" (EG 33).

A alegria do amor e a maioridade cristã

Introdução

Certos gestos inabituais para um papa e certos pronunciamentos inéditos, embora profundamente evangélicos, não deixaram de causar reações diferentes em nossos contemporâneos, seja despertando aprovação e entusiasmo, seja provocando crítica e rejeição. Para um bom conhecedor da história da Igreja, tal fato não deve surpreender. Inserida na história, a instituição eclesial deve acompanhar as inevitáveis evoluções da mesma, seja para poder responder aos novos desafios, seja para fazer uso das novas chaves de leitura presentes na sociedade, seja, enfim, para desenvolver e enriquecer o patrimônio recebido da tradição. Desse modo, "sob a assistência do Espírito Santo, cresce, com efeito, a compreensão tanto das coisas como das palavras transmitidas", tendendo a Igreja "continuamente para a plenitude da verdade divina" (DV 8). Entretanto, o que se apresenta como "novo" (embora frequentemente apenas signifique recuperação de elementos esquecidos da tradição, como se deu em parte no Concílio Vaticano II), sempre traz certo desconforto por questionar nossos esquemas mentais, mudar nosso imaginário religioso, desinstalar-nos de nossas práticas tradicionais.

A Exortação Apostólica *A alegria do amor*, embora resultante de um Sínodo Episcopal, a saber, expressão final de uma rica contribuição de seus participantes, e embora represente um dos mais completos textos do magistério eclesiástico sobre a família, acabou por desencadear todo um debate na Igreja ao propor uma saída pastoral para a grave situação de católicos recasados. Infelizmente a celeuma que se seguiu relegou ao silêncio a amplitude e a profundidade dos demais temas presentes na Exortação, como a visão cristã da família, o papel central do amor na vida matrimonial, sua fecundidade na geração dos filhos, a importância de sua educação, sem omitir as atuais dificuldades postas hoje às famílias, bem como as devidas orientações pastorais que se impõem.

Naturalmente não podemos tratar de todos esses temas. Escolhemos, portanto, um dos pontos que subjaz à polêmica em curso; ponto esse com enormes consequências para o futuro da missão da Igreja. A temática de fundo pode ser formulada como a tensão entre *a instituição e o indivíduo*, ou ainda entre *a norma e a consciência*, já presente nos textos neotestamentários que versam sobre a lei mosaica e a liberdade cristã, ou, no decorrer da história do cristianismo, sobre o institucional e o carismático; história essa que nem sempre soube guardar a correta relação entre o Cristo-verdade e o Espírito-vida, ao enfatizar mais o normativo em detrimento do pessoal, e cujo desequilíbrio é ainda sentido em nossos dias.

Num passado que se prolongou por séculos, a Igreja foi identificada com a hierarquia, a qual detinha o monopólio do Espírito Santo. Consequentemente restava ao laicato obedecer e seguir as normas impostas de cima, constituindo-se assim numa massa passiva no interior da Igreja. Entretanto, a crise das instituições, a emergência da subjetividade, a consciência da participação ativa de todos na vida social não deixaram de refluir para dentro da própria comunidade eclesial. A resposta foi dada pelo Concílio Vaticano II, atribuindo ao laicato um papel ativo na ação missionária da Igreja, bem como pelo Documento de Aparecida; resposta essa sintetizada na conhecida expressão de "discípulo missionário". Contudo, essa conquista mais recente ainda se revela insuficiente por limitar a participação dos leigos nos Sínodos Diocesanos ou nos Conselhos Pastorais Paroquiais, já que lhes concede apenas um voto consultivo.

Sem dúvida herdamos uma configuração eclesial tão fortemente hierarquizada que, apesar da teologia conciliar do Povo de Deus e da Igreja-Comunhão, ainda falta da parte de seus responsáveis a capacidade de escutar e dialogar, apelando muitas vezes para o poder sagrado que lhes confere a ordenação. Sem dúvida, é todo um trabalho na área de formação do clero, a ser iniciado nos próprios seminários, para que sejam formados pastores que saibam de fato trabalhar com o laicato, e não novos membros de uma casta clerical.

Nossa reflexão irá se concentrar em três temas fundamentais para melhor podermos esclarecer a questão que nos ocupa. Primeiramente examinaremos a dimensão institucional da fé cristã: sua necessidade, sua finalidade e sua historicidade. Em seguida abordaremos a dimensão pessoal da fé cristã: a ação do Espírito em cada cristão, a imediatidade com Deus, implicada na opção de fé, a importância da consciência individual e, consequentemente, a liberdade inerente à própria fé. Concluiremos nosso estudo enfatizando a importância decisiva que nesta questão desempenha a imagem que temos de Deus. Naturalmente, ao longo deste estudo, tínhamos sempre diante dos olhos a disputa que hoje presenciamos sobre o acesso dos recasados à eucaristia. Portanto, nada mais pretendemos a não ser oferecer uma pequena colaboração ao atual debate, sem adentrarmos propriamente no aspecto canônico ou moral da questão.

I. O institucional na Igreja

Deixemos bem claro, logo de início, que a instituição como tal é inerente à própria condição humana. De fato, é o próprio homem que cria padrões de comportamento e estruturas sociais com a finalidade de possibilitar uma convivência pacífica com seus semelhantes. Não reage apenas instintivamente, como os animais, por estar dotado de inteligência e liberdade. Assim, qualquer grupo humano, para viver e sobreviver, cria sua própria cultura. Também a comunidade dos fiéis, para constituir e manter sua identidade cristã própria, *necessita* de doutrinas, normas, celebrações cultuais, organizações sociais, práticas características. Já os primeiros cristãos tiveram que esclarecer o conteúdo do querigma, organizar a comunidade e iniciar celebrações sacramentais para manter vivo o movimento de Jesus Cristo. Como alguém não pode se desenvolver como ser humano a não ser no interior de uma cultura, assim também alguém só é cristão se encontra no contexto eclesial de fé a verdade salvífica revelada e a orientação de vida correspondente para alcançar a salvação. Como afirmava Santo Tomás: a fé enquanto ato pessoal de entrega a Deus necessita de sinais que a identifiquem: expressões doutrinais, sacramentais ou cultuais. Nesse sentido, não podemos opor o carisma à instituição, pois ambos se necessitam mutuamente.

Entretanto, a instituição no cristianismo não deve perder de vista sua *finalidade salvífica*, a saber, nasce do próprio carisma e deve toda ela estar remetida ao mesmo carisma. É lugar de passagem, não de chegada; é mediação, não fim. A tentação de nos contentarmos com o institucional é muito grande, porque é mais fácil lidarmos com ele do que com a ação do Espírito Santo. Daí a tendência de reduzir a vivência da fé cristã a algumas práticas que nos tranquilizam a consciência, caindo num positivismo religioso e reduzindo a experiência mística da fé.

Embora de origem divina, as instituições cristãs são expressões e concretizações humanas e, portanto, necessariamente *históricas*. Sendo assim, refletem as características e as limitações da época e do contexto que as viu nascer, sem falar do influxo do pecado no conhecer e no agir humanos. Consequentemente, certas normas podem se tornar obsoletas em outros contextos, se degenerar quando mal compreendidas ou mesmo se verem erradamente absolutizadas por gerações posteriores. Igualmente pronunciamentos do magistério eclesiástico podem experimentar, e de fato experimentaram, evoluções, como demonstram os juízos passados sobre a democracia, os direitos humanos ou a liberdade religiosa.

II. A ação do Espírito Santo na Igreja

A fé do cristão resulta de uma opção livre possibilitada pelo Espírito Santo, como nos ensina São Paulo (1Cor 12,3), que age no fiel ao escutar a Palavra de Deus (Rm 10,17). Pela fé, o cristão fundamenta sua vida em Deus, num gesto de total confiança que atinge toda a sua pessoa. A relação com Deus é direta, imediata, experimentada individualmente (Rm 5,5), podendo assim ser muito pessoal e única para cada cristão. Desse modo, a ação de Deus pode não se encontrar expressa e mediatizada apenas através das normas gerais válidas para todos os membros da Igreja, mas também através de *imperativos* destinados a cada indivíduo como tal. A história dos santos que lançaram novas práticas e espiritualidades, em geral com resistência das autoridades religiosas, comprova o que afirmamos. A voz de Deus ressoando no mais íntimo da pessoa deve ser respeitada no interior da comunidade eclesial, como nos ensina Paulo ao tratar dos carismas, embora exija discernimento e atenção ao bem de toda a comunidade.

Se o cristão deve seguir a ação do Espírito Santo (Gl 5,25), e se essa ação devidamente acolhida o liberta da lei (Gl 5,18), então, podemos compreender a afirmação paulina: "onde está o Espírito do Senhor, aí está a liberdade" (2Cor 3,17). Porque a "lei de Cristo" (Gl 6,2) não é propriamente uma lei, uma norma que vem de fora, mas sim um dinamismo interior, uma força divina. Ou, como diz Santo Tomás de Aquino: é a graça do Espírito Santo, uma lei infundida, não escrita, a fé operando pelo amor[1].

E explica em outro texto (Comentário ao texto de 2Cor 3,17): quem a segue é livre porque age a partir de sua própria vontade, age porque quer agir, age a partir do amor derramado em seu coração (Rm 5,5), e não por uma força externa.

Entretanto, a liberdade humana se encontra inevitavelmente num corpo com todos os condicionamentos que lhe são próprios, conscientes ou inconscientes: pulsões, hábitos, emoções, desejos, influências do contexto vital, herança cultural recebida, experiências passadas negativas, que certamente limitam ou mesmo impedem que a liberdade alcance seu objetivo, já que buscam satisfazer-se imediatamente. Só através do tempo poderá o sujeito integrar tais condicionamentos em seu projeto de vida, e assim ganhar uma maior liberdade para seguir o Espírito. Como exprime o Papa Francisco: o cristão é alguém que sempre se encontra a caminhar (EG 161), que nunca apresenta uma resposta completa a Deus enquanto não percorrer todo o caminho que a torna possível, buscando continuamente crescer (EG 153).

Aqui aparece claramente a noção da "lei da gradualidade", já mencionada por João Paulo II na *Familiaris Consortio* (FC 34). Trata-se de "uma gradualidade no exercício prudencial dos atos livres em sujeitos que não estão em condições de compreender, apreciar ou praticar plenamente as exigências objetivas da lei" (AL 295). Há, portanto, uma distinção entre o discurso enquanto emitido e o que é realmente dele captado e recebido. Daqui se compreende a distinção entre uma "moral objetiva", que con-

---
1. SANTO TOMÁS DE AQUINO, *Summa Theologica*, I-II, q. 106, a. 1.

serva toda a sua verdade, e uma "moral subjetiva", que considera concretamente o sujeito. Daqui podemos concluir que as assim chamadas "situações irregulares" (AL 296; 301), as quais podem ser bem diferentes (AL 298), indicam que "um juízo negativo sobre uma situação objetiva não implica um juízo sobre a imputabilidade ou a culpabilidade da pessoa envolvida" (AL 302; 305), embora uma situação irregular não possa ser elevada à categoria de norma (AL 304) nem implique "jamais esconder a luz do ideal mais pleno" (AL 307).

No fundo, estamos constatando uma *mudança de paradigma* muito importante, a saber, passamos da moral de normas para uma moral de virtudes. Embora a norma conserve sua verdade e seu valor enquanto meta, leva-se também em consideração a progressiva caminhada da pessoa em direção à mesma. À virtude, enquanto hábito de fazer o bem, se chega pela repetição de atos. Não se trata de algo novo, já que retoma a teologia moral de Santo Tomás de Aquino. Este distingue a inteligência especulativa da inteligência prática: consequências lógicas da primeira podem não ser realizáveis no âmbito da segunda por não considerar todas as circunstâncias concretas. Não se trata assim de uma estrita dedução lógica, mas de uma aplicação por meio da virtude da *prudência*, que confronta o bem a ser realizado com as situações concretas[2]. Desse modo se corrige uma dupla proclamação da moral: a que é ensinada como objetivo ideal e a que é expressa no confessionário, tendo em conta os condicionamentos e a caminhada das pessoas. Já denunciada por Santo Afonso de Ligório, é antipedagógica e culpabilizante.

Importante aqui é frisar o respeito pela pessoa, cujo agir moral deve partir sempre da sua liberdade, como já observara Tomás de Aquino, seguido pelo Concílio Vaticano II: "A dignidade do homem exige que possa agir de acordo com uma opção cons-

---

2. Ibid., I-II, q. 57, a. 4.

ciente e livre" (GS 17). Portanto, temos que respeitar sem condições a consciência da cada um: ninguém deve "ser forçado a agir contra a própria consciência" (DH 3), a tal ponto que o próprio Santo Tomás afirma que a consciência errônea também obriga sem mais a pessoa, embora a ligue indiretamente[3]. Observemos ainda que a consciência moral não é uma realidade estática, mas se transforma ao longo dos anos, e que nem todos entendem a norma como deveria ser entendida, sobretudo em nossos dias, sob o impacto de uma cultura pluralista e relativista. E a devida compreensão da norma é condição necessária para o ato moral. Não mais vivemos num tempo de cristandade, e é importante conhecer as complexas circunstâncias da vida moderna e igualmente saber fundamentar o que nos parece normativo.

III. Maioridade na vivência da fé cristã

Vivemos hoje uma realidade desafiante para a fé, pois devemos conviver com discursos, mentalidades e comportamentos diferentes dos nossos. A sociedade pluralista exige de nós uma vivência mais sólida da fé. Apenas limitar a vida cristã a algumas práticas tradicionais ou de mera obediência às autoridades eclesiásticas é sucumbir com o tempo às investidas da atual cultura marcada pela busca de satisfações individuais. Mais do que nunca é importante que a Igreja tenha seriamente em conta que a verdade cristã é uma verdade salvífica, pois a revelação se deu em vista da salvação da humanidade. Portanto, não basta resguardar a verdade da doutrina ou da norma, mas igualmente fazê-las de fato serem salvíficas para o ser humano.

Consequentemente, tanto o conteúdo doutrinal como a norma moral devem ser *livremente* "recebidos" pelo cristão, devem resultar de uma opção livre e consciente, devem possibi-

---
3. Ibid., I-II, q. 19, a. 5.

litar ao cristão certo "confrontar-se pessoalmente" com Deus. Sem dúvida, esse relacionamento pessoal e único com Deus se realizará a partir da realidade concreta da pessoa, de sua história, de sua formação humana e cristã, de suas limitações e condicionamentos. Essa realidade implica um processo de amadurecimento em direção à maioridade na fé. Compete à Igreja não dispensar a consciência individual, mas oferecer orientações adequadas para que cada pessoa possa avaliar e decidir livre e conscientemente.

A maioridade, em geral, significa a coragem de responsavelmente tomar decisões não diretamente legitimadas enquanto deduzidas de normas gerais, mesmo sem ignorá-las ou contradizê-las. Mas também significa se informar devidamente sobre as mesmas, significa saber realizar uma autocrítica que possa revelar desconhecimentos, erros, preconceitos, submissões indevidas à opinião pública, egoísmos latentes. Significa ainda sabedoria, instinto moral, fidelidade à ação do Espírito.

A maioridade cristã respeita a inteligência e a liberdade com que Deus dotou o ser humano, reconhece o caráter único e singular do relacionamento de Deus com cada pessoa, embora situada sempre no contexto social e eclesial onde vive, e a defronta com o próprio Deus diante de quem inexoravelmente toma sua decisão. Ela implica que a vocação cristã consiste num caminhar histórico que se depara continuamente com novas situações, encruzilhadas, oportunidades, desafios, exigindo do cristão um contínuo discernimento que indique a vontade de Deus para aquele momento que vive.

Importante nesse contexto é levar a sério a *imagem de Deus* revelada em Jesus Cristo. Se no passado havia a representação de um Deus como juiz severo e punidor, talvez implicado no papel da Igreja naqueles anos de educar povos e culturas, hoje, numa maior fidelidade à revelação neotestamentária, enfatiza-se a *misericórdia divina*. Esse fato não significa abrandamento ou relativismo doutrinal ou ético, ou mesmo negação da justiça divina, pois, como diz Santo Tomás de Aquino, a misericórdia não abole a justiça, mas lhe dá cumprimento e sobrepõe-se a ela[4]. A Igreja deveria ser mais fiel a esse "modo de proceder" do próprio Deus que ela anuncia, como lembra o Papa Francisco (AL 307-312), pois hoje "sua credibilidade passa pela estrada do amor misericordioso e compassivo" (MV 10).

O respeito realista ao ritmo possível de crescimento da pessoa torna-a mais consciente do que lhe compete no discernimento responsável de sua vida moral (AL 305), leva-a a assumir a mesma com maior maturidade e, sobretudo, a examinar a presença de uma caridade ativa, a lei primeira dos cristãos, em sua própria vida (AL 306). Como afirma a Exortação Apostólica:

> Também nos custa deixar espaço à consciência dos fiéis, que muitas vezes respondem da melhor forma que podem ao Evangelho no meio de seus limites e são capazes de realizar o seu próprio discernimento perante situações em que se rompem todos os esquemas. Somos chamados a formar as consciências, não a pretender substituí-las (AL 37).

Considerações finais

Só assim a Igreja estará sendo fiel ao Deus misericordioso que nos revela a Sagrada Escritura, testemunhado em nossa história na pessoa e na vida de Jesus Cristo. Proclamar a mensagem cristã como uma *oferta* de vida e de felicidade apresentada à liberdade de cada um resulta sem dúvida numa eficácia salvífica maior do que evangelizar com ameaças e condenações. O Deus misericordioso e paciente com o progresso "possível" da pessoa deve não só ser anunciado, mas também testemunhado pela própria Igreja. É importante que todos os cristãos sigam

---
4. Ibid., q. 21, a. 3, ad 2.

de fato a recomendação de Jesus: "Sede misericordiosos como vosso Pai é misericordioso" (Lc 6,36). Isso significa que deve ser aceita certa *diversidade* no interior das nossas comunidades, pois só Deus tem acesso à consciência de cada um. Inquisidores piedosos que trovejam duros juízos sobre outros membros da comunidade necessitam ainda se converter ao Evangelho, porque, no cristianismo, tanto o componente doutrinal quanto o jurídico estão a serviço da finalidade salvífica.

Fraternidade: uma noção universal?

A Encíclica *Fratelli Tutti*, do papa Francisco, termina com um capítulo intitulado: "As religiões a serviço da fraternidade no mundo". Diante da evidente *diversidade* das religiões em nosso planeta, surge naturalmente a questão: é possível a realização desse objetivo pretendido pelo papa ou se trata mais de um sonho, sem dúvida muito importante para o futuro da humanidade, que não pode prescindir da paz e da justiça. Já o que denominamos "religião" recebe uma pluralidade de compreensões, dependendo da ótica de leitura: filosófica, cultural, sociológica, histórica, fenomenológica ou mesmo teológica. Não entraremos nesse debate, pois nos contentaremos com uma caracterização básica de religião, ao afirmar que ela implica uma relação com uma realidade transcendente que determina certa visão do mundo criado e o comportamento dela decorrente, a saber, suas expressões e práticas.

Nela, também está implicado o desejo de felicidade, de paz, de plenitude, que liberte o ser humano de suas contingências, sofrimentos, tensões, ameaças da natureza ou da sociedade; objetivo esse que pode ser caracterizado como "salvação", embora apresente conteúdos diversos[1]. Daí a dificuldade de uma reflexão sobre o fenômeno religioso, rebelde, ao se ver reduzido a um conceito genérico. Naturalmente deve ficar claro que nem o papa em sua encíclica nem nós nesta reflexão podemos prescindir da ótica proporcionada pela fé cristã, já que todo conhecimento implica sempre um quadro interpretativo.

Portanto, permanece aberta a possibilidade de outras tradições religiosas, que buscam igualmente a fraternidade universal, fundamentarem diversamente esse objetivo comum. Importante também aqui é ressaltar que, em meio à diversidade dessas várias tradições, persiste a referência comum a um transcendente que relativiza as construções humanas como históricas, imperfeitas e transitórias, impedindo ideologias totalitaristas e estruturas sociais absolutas, e ainda urgindo transformações e progresso[2]. Só esse dado já comprova a importância das religiões na sociedade. Entretanto, não negamos que as mesmas podem ser instrumentalizadas em função do poder, como nos atesta a história.

Além disso, numa época marcada por uma mentalidade funcional que julga a realidade a partir de parâmetros do lucro e da eficácia, e é também caracterizada por um pluralismo cultural e ético, as religiões aparecem como fornecedoras de *sentido último* para a própria existência humana, libertando-a do horizonte imanente que a condena ao individualismo e a satisfações imediatas, causadoras de injustiças, desigualdades e violências. Consequentemente, daqui emerge o sentido imprescindível das mesmas para o objetivo de uma fraternidade universal, apesar das dificuldades anteriormente mencionadas.

Mesmo sem entrar na questão sobre a origem do conceito de fraternidade, cujas raízes estariam ou não nas religiões

---

1. França Miranda, M., Salvação em horizonte inter-religioso, in: Caliman, C. (org.), *A sedução do sagrado*, Petrópolis, Vozes, 1998, 116-142.
2. Valadier, P., *Du Spirituel en Politique*, Paris, Bayard, 2008.

abraâmicas, buscaremos um ponto de vista neutro para nossa reflexão, embora nosso estudo, enquanto teológico, implique sempre, *a priori*, uma perspectiva concreta de leitura, dada por uma tradição religiosa determinada que a história nos legue. Portanto, deixemos já claro desde o início que nossa reflexão se fará à luz da fé cristã. Consequentemente a questão se desloca para o interior do cristianismo: permite a fé cristã que a realidade conhecida como "fraternidade" possa ser considerada um ideal da humanidade, por se encontrar também nas demais religiões do planeta? Pois este é o pressuposto do papa Francisco em sua encíclica. Podemos prová-lo? Ou devemos renunciar de antemão a perseguir tal objetivo, pois essa noção pode receber matizes diferentes, ao se encontrar inserida numa visão religiosa não cristã, sem que possamos evitá-lo?

I. A religião como um fenômeno complexo

Toda religião, mesmo quando atribuída a uma entidade superior, tem sua origem no próprio ser humano. Este experimenta a ação de um poder misterioso que o envolve, amedronta e fascina. Pode atribui-lo a forças da natureza, a astros no firmamento, a várias entidades ou não. Para nós, cristãos, constitui a relação do ser humano com o transcendente (Deus), que conhecemos pelo termo de "fé". Esse transcendente misterioso vai atingir toda a realidade que constitui a vida humana, oferecendo sentido e orientando o agir correspondente.

E o ser humano irá exprimir, enquanto ser social, sua experiência pessoal através de termos, comportamentos e atos religiosos, tornando-a visível para os demais, e que inevitavelmente se concretizarão no interior de um contexto sociocultural determinado. Quando falamos de religião, referimo-nos a essa tematização peculiar de uma experiência primeira, com suas doutrinas, éticas, atos de culto, organização comunitária etc. Naturalmente, os portadores dessa experiência foram buscar suas expressões na cultura onde se encontravam.

Esse fato irá dificultar sobremaneira a mútua compreensão entre as religiões, pois o mesmo vocábulo, norma ou instituição pode ter significações diversas quando fora de seu contexto linguístico original. Não se conhece verdadeiramente uma religião se não se conhece seu âmbito sociocultural próprio. Só essa necessidade já explica a pluralidade das religiões no mundo, mesmo supondo ser o mesmo Deus que atua em todas elas, pois sua ação necessariamente irá ser captada, entendida, expressa e vivida numa cultura concreta, tornando o fenômeno religioso diferente dos demais[3].

Então, estaria decretada a impossibilidade tanto do diálogo inter-religioso quanto de uma noção básica que promovesse a paz e a justiça entre todos os povos do universo, com suas religiões respectivas? Desse modo, faltaria à noção de fraternidade a característica de noção universal, presente, ainda que com vocábulos diversos, nas várias religiões? Poderíamos ainda nos perguntar: tal universalidade é possível em outros âmbitos do conhecimento humano, que não se limite aos conceitos provenientes das ciências exatas mensuráveis?

Reconhecemos que essa realidade transcendente (a chamemos assim), ao atuar no ser humano, deve ter uma ação *determinada*, pois não existe uma ação em geral, da qual poderia provir o que quer que fosse. Como essa ação tem sua origem numa realidade transcendente envolta em mistério, ela será sempre *percebida* já no interior da linguagem que a expressa. Nessa expressão se encontram juntas, sem que possamos separá-las, tanto a marca da ação primeira quanto a interpretação contextualizada da mesma. Dito com outras palavras que nos

---

3. LINDBECK, G. A., *The Nature of Doctrine. Religion and Theology in a Postliberal Age*, Philadelphia, Westminster Press, 1984.

são mais familiares: o "teologal" da ação transcendente só pode ser conhecido em sua tematização "teológica", que utiliza uma linguagem concreta, por um lado, mas que, por outro, abriga vestígios da ação mais original. Caso contrário, não poderíamos falar de uma revelação de Deus no cristianismo ou em qualquer outra religião que não fosse mera construção humana[4].

Essa necessidade histórica de se inculturar no que denominamos "teo-lógico" explica por que as religiões podem evoluir, seja na compreensão do dado primeiro de cunho "teo-logal", seja nas próprias expressões e práticas dele decorrentes, proporcionando o que conhecemos como a evolução da doutrina, já comprovada na própria história do cristianismo e reconhecida no Concílio Vaticano II (DV 8). O mistério infinito que chamamos Deus, em seu ser e em seu agir, não se deixa encerrar, definir, nomear perfeitamente em conceito algum humano, sempre histórico e contingente.

Esta afirmação é decisiva para uma compreensão e um diálogo real com as outras religiões, desde que sejam autênticas, e não criações de algum desequilibrado, fanático ou oportunista, pois elas oferecem outro horizonte de compreensão para olharmos nossa própria tradição religiosa, considerada sempre no interior de nosso horizonte familiar, correto e legítimo, mas sempre limitado e peculiar. Nesse sentido, as religiões podem se enriquecer sobremaneira através do conhecimento mútuo e do diálogo entre si. Desse modo, não podemos negar que o próprio conteúdo semântico do termo "fraternidade" possa ser ampliado e enriquecido por outros matizes fornecidos pelas diversas religiões. Afinal, em todas elas estamos lidando com o mesmo ser humano.

Naturalmente, em toda esta nossa argumentação está subentendido que se trata de uma *mesma* realidade transcen-

---

4. PESCH, O. H., Das Wort Gottes als objektives. Prinzip der theologischen Erkenntnis, in: KERN, W.; POTTMEYER, H. J.; SECKLER, M. (Hrsg.), *Handbuch der Fundamentaltheologie IV. Traktat theologische Erkenntnislehre*, Tübingen, A. Francke Verlag, ²2000, 1-21.

dente, embora evocada com nomes e atribuições diversas nas várias religiões que não proíbem, *a priori*, suas tematizações no monoteísmo, no politeísmo, no animismo, no panteísmo etc. Isso porque todas elas traduzem a busca do ser humano por um sentido último em meio às vicissitudes da vida, por uma segurança em meio às incertezas, por uma resposta para o enigma do mal e da morte, por algo que desfaça o vazio existencial, que ofereça esperança e estimule viver em paz consigo mesmo e com os demais.

II. O Espírito Santo como fator universalizante do cristianismo

O cristianismo é uma religião histórica, portanto, teve seu início num espaço e num tempo bem determinado, centrada na pessoa de Jesus Cristo e localizada na longínqua província da Palestina. Esse fato em nada contribuía para sua pretensão de religião verdadeira, ou de Jesus Cristo como revelador perfeito e mediador único e definitivo de Deus, apesar do esforço missionário dos primeiros cristãos e do testemunho de vida que ofereceram. Foi o próprio Jesus Cristo quem não quis deixar seus seguidores órfãos e lhes prometeu enviar-lhes o Espírito de Deus que o acompanhou durante sua vida (Jo 16,7), como foi realmente experimentado pelos mesmos (Jo 20,22).

O Espírito Santo tem fundamental ação salvífica ao possibilitar a fé em Jesus Cristo (1Cor 12,3), ao libertar os cristãos do pecado (Rm 8,2) e da lei (Gl 4,4-7), ao orientar seu agir (Gl 5,25) e ao abrir o acesso a Deus pela atitude filial de Cristo (Rm 8,14-16; Gl 4,6). Mas a Escritura nos apresenta o Espírito Santo também como *fonte de vida*, já atuando na criação do mundo (Gn 2,7), dando vida aos seres animados (Sl 104,29), inteligência, dotes artísticos, inspiração profética, carisma de governo (Ex 35,31-33). Como doador de vida, o Espírito é a garantia da vida depois da morte (Rm 8,11). Essa visão mais ampla da atividade do Espírito Santo corrige certa concepção tradicional que restringia a ação do Espírito ao âmbito do espiritual ou do extraordinário. Pelo contrário, sua ação é ampla e contínua, aportando vida e energia às criaturas e levando os seres humanos à vida plena em Deus[5].

Sua ação intende também a revelação plena da verdade (Jo 16,12-14), a saber, o amor que é o próprio Deus, revelado como tal em Jesus Cristo (Jo 1,18). Portanto, a ação do Espírito não se limita à ordem do conhecimento, mas atinge a liberdade em vista de uma vida marcada pelo amor, condição para um relacionamento existencial e autêntico com Deus: "Quem não ama, não conhece a Deus, pois Deus é amor" (1Jo 4,8). Daí Paulo insistir na práxis cristã como critério seguro da ação do Espírito: "Se vivemos pelo Espírito, procedamos também de acordo com o Espírito" (Gl 5,25). Podemos ainda acrescentar que o Espírito é doado em vista da edificação da própria comunidade cristã, através da profusão dos carismas (1Cor 12,7; 14,26).

Entretanto, a ação do Espírito Santo não se limita ao interior do cristianismo[6], pois, como a do vento que sopra onde quer (Jo 3,8), ela se mostra *universal*. Certos elementos da verdade, que é Cristo, estão presentes em outras religiões (LG 16) por meio do Espírito Santo, que chama todos os seres humanos para Cristo (AG 15) e os faz buscar o sentido profundo da vida (GS 41). Também as atividades humanas a favor da vida, da justiça e da paz são atribuídas ao Espírito Santo, que atua nos corações animando, purificando e fortalecendo as aspirações por uma sociedade mais humana (GS 38). A ação do Espírito Santo atinge, assim, povos, culturas e religiões, como enfatizava João Paulo II (RM 28).

---
5. PANNENBERG, W., *Der Geist des Lebens*, in: id., *Glaube und Wirklichkeit*, München, 1975, 31-56.
6. FRANÇA MIRANDA, M., O Espírito Santo nas religiões não cristãs, in: id., *O cristianismo em face das religiões*, São Paulo, Loyola, 1998, 133-153.

Se levarmos devidamente a sério que o Espírito Santo é princípio e força que produz vida, então deveríamos afirmar toda a amplitude de sua ação no mundo, que não se limita à vida física, mas a todos os fatores que a possibilitam. A começar pela inteligência que teve que criar condições para sobreviver às catástrofes da natureza e às ameaças de animais. Além disso, o ser humano é um ser essencialmente social que necessita da linguagem e da cultura para se entender a si mesmo, conviver com seus semelhantes e assim poder alcançar sua própria maturidade. Esse fato o levará a criar interpretações da realidade (já que ninguém vive sem as mesmas) e correspondentes instituições, com suas características próprias e normas concretas que constituem a tradição cultural na qual qualquer religião está inevitavelmente inserida.

Em toda essa realidade, que não pode ser desvalorizada como simplesmente "profana", já que pode refletir também impulsos do Espírito, é possível elencar, como exemplos apenas, a intuição artística, a descoberta súbita da verdade, a experiência de paz profunda, a alegria interior de um compromisso assumido pelo próximo, a inquietação pelo sentido da vida, a confiança no ser humano, a insatisfação com a superficialidade existencial, o reconhecimento da diversidade alheia, bem como padrões de comportamento e instituições sociais diferentes das nossas, que nem por isso são mais imperfeitas ou falsas[7].

E a razão é simples. A ação interior do Espírito Santo, enquanto atua na consciência e motiva a liberdade, irá inevitavelmente ser captada, expressa e vivida por meio da linguagem disponível e do etos cultural próprios desse contexto. Daí a importante tarefa, embora tremendamente difícil, de vislumbrar nas expressões e nas práticas alheias o toque de Deus através de seu Espírito. Pois nossa leitura dessa ação transcendente também se efetua no interior de uma cultura e de seu *etos* cor-

---

7. PANNENBERG, W., *Teologia Sistemática II*, São Paulo, Academia Cristã/Paulus, 2009, 126-129.

respondente. Portanto, também ela é particular, parcial e necessitada de complementações, quando não de correções. E a história do cristianismo comprova nossa afirmação, já que experimentou transformações sucessivas em sua trajetória. Desse modo, fica demonstrado como a ação do Espírito foi diversamente recebida ao longo dos séculos devido às inevitáveis contingências da história.

Podemos assim formular: as expressões e as práticas cristãs são verdadeiras, mas não exaustivas e definitivamente perfeitas. Características suas podem se desvelar (ou mesmo se velar) ao longo do tempo. Sendo assim, consideradas a partir de outras perspectivas de leitura, poderão fazer emergir elementos até então submersos ou simplesmente ignorados. Mas nossa reflexão deve ir além, pois até agora nos limitamos a expressões e práticas de cunho religioso. Surge então a questão: vale o que dissemos até aqui também para conceitos, mentalidades, padrões de comportamento, organizações familiares e instituições profissionais, de tal modo que tais realidades, verdadeiramente, não gozam daquela universalidade que nelas pressupomos, porque de fato ela não existe?

Esta questão é fundamental para a encíclica *Fratelli Tutti*, pois nela o conceito básico de "fraternidade" aparece como *universal* em sua pretensão de atingir as demais tradições religiosas não cristãs. Poderia, ou deveria ela, receber matizes e contribuições destas últimas, que facilitassem a pretensão do Papa Francisco de atingir todos os povos? Ou ela própria contém em sua expressão o que já se encontra nas demais tradições culturais e religiosas?

III. A noção de fraternidade

A noção de "fraternidade", subjacente a toda a Encíclica *Fratelli Tutti* e tal qual *hoje* a entendemos, não pode eliminar de seu conteúdo semântico a presença da fé cristã. Teremos que examinar como se desenvolveu essa noção no cristianismo e, num segundo momento, se a mesma pode gozar de tal universalidade que seja entendida e vivida por adeptos de outras religiões.

Limitada a pessoas que viviam numa mesma cidade (Atenas), numa época anterior ao cristianismo, a noção de fraternidade ganha maior amplitude já no Antigo Testamento, quando atribuída aos da mesma raça ou do mesmo povo, enquanto descendentes do mesmo casal Adão e Eva ou enquanto criaturas do mesmo Deus. Já no Novo Testamento, é atribuída não só ao compatriota, mas também ao discípulo e até ao ser humano em necessidade (Mt 25,31-46; Lc 10,30-37). Fundamento dessa concepção: todos são filhos do mesmo Pai. Já na época sofre mutação semântica, aparecendo mais como uma *meta* a ser realizada, conforme os textos acima citados. Posteriormente se enfraquece, sendo utilizada apenas para comunidades religiosas e para o clero, embora São Francisco de Assis, com sua ida ao Egito para se encontrar com o Sultão Malik-al-Kamil (FT 3), recupere seu sentido evangélico, como é próprio dos santos.

Portanto, na perspectiva cristã o termo "fraternidade" acentua o que há de comum em todos os seres humanos: uma mesma vida que termina com a morte, a dignidade e o valor da pessoa, por ser única ao ser querida por Deus, e destinada a uma vida eternamente feliz com Deus. Além disso, a noção cristã de fraternidade não constitui um dado estático, mas um *imperativo* em busca de realização, a saber, reconhecer o outro, o pobre, o inferior, como seu irmão. Trata-se, pois, de alcançar o *modo* como alguém pessoalmente se relaciona com o outro[8]. As cartas paulinas acentuam, a partir do batismo, que os cristãos

---

8. RICOEUR, P., Le socius et le prochain, in: id., *Histoire et Verité 2*, Paris, Seuil, 1955, 102.

têm em Cristo seu primogênito, invocam a Deus como Pai e, consequentemente, são irmãos entre si[9].

Desse modo, podemos comprovar que a noção *cristã* de fraternidade é bem determinada. Ela se caracteriza por abrigar verdades cristãs fundamentais que não se encontram em outras religiões. Vejamos brevemente algumas delas. A compreensão cristã do cristocentrismo da criação não só considera a vinda de Cristo como também a considera sua meta, e ainda vê Jesus Cristo como aquele que corresponde perfeitamente ao que deve ser o ser humano (GS 22). Assim sendo, sua pessoa constitui sem mais o modelo de realização plena da existência humana, com sérias consequências para a nossa questão. Isso porque, a vida de Jesus foi dedicada aos demais, investida no cuidado e na assistência aos mais enfraquecidos e marginalizados daquele tempo, uma vida de serviço aos outros, cuja coerência o levou a uma morte prematura.

Consequentemente, o amor fraterno é o coração da ética cristã (Lc 10,25-37) e o critério salvífico decisivo (Mt 25,31-46). E, como a vida de Jesus se desenrolou na fidelidade à ação do Espírito Santo (Hb 9,14), essa ação constitui um dinamismo que leva à caridade (Gl 5,22). Sabemos, através de Jesus (Mt 11,27), quem é Deus, que ele revela como Pai misericordioso (Lc 6,36); porém, o acesso a um conhecimento real de Deus depende do amor fraterno (1Jo 4,7s). Naturalmente, como já indicamos, todo esse horizonte de compreensão cristão entra necessariamente na compreensão do que conhecemos como "fraternidade".

Sabemos que a fraternidade cristã será muito enfatizada por Lutero e ainda será utilizada, já numa perspectiva sociopolítica, pela Revolução Francesa, juntamente com as noções de liberdade e de igualdade, que terão forte influência no ideal democrático das sociedades futuras. Embora tenha perdido sua

---

9. RATZINGER, J., art. fraternité, *Dictionnaire de Spiritualité V*, Paris, Beauchesne, 1964, 1141-1167.

fundamentação propriamente cristã com o advento do deísmo na Europa, não podemos simplesmente laicizá-la para que possa ser aceita em outras religiões, pois seu berço de nascimento continua sendo o ocidente cristão.

Não negamos que o amor fraterno na concepção cristã goze de um valor universal que ultrapassa os muros do próprio cristianismo e que permite um diálogo e um acolhimento por outras religiões que promovam a paz e a justiça no mundo. Pois a diversidade religiosa não constitui um obstáculo para a luta contra todas as formas de desumanidade[10]. Reconhecemos também o que vem afirmado nessa encíclica (FT), ao citar encíclicas de Bento XVI. A razão humana pode alcançar a ideia da igualdade entre os seres humanos, mas não consegue fundar a fraternidade (CV 19). A aceitação de Deus Transcendente é condição para se aceitar a transcendente dignidade do ser humano, sujeito de direitos invioláveis, porque imagem visível do Deus invisível (CA 44).

Contudo, nesses textos aparece um pressuposto cristão evidente, afirmado claramente nessa encíclica: "Sem uma abertura ao Pai de todos, não pode haver razões sólidas e estáveis para o apelo à fraternidade. Estamos convencidos de que, só com essa consciência de filhos que não são órfãos, podemos viver em paz entre nós" (FT 272). O mesmo vem afirmado mais adiante: "É possível identificar um caminho de convivência serena, ordenada e pacífica, na aceitação das diferenças e na alegria de sermos irmãos porque somos filhos de um único Deus" (FT 279). Entretanto, na declaração conjunta com o Grande Imã Ahmad Al-Tayyeb, vem declarado no início do texto: "Em nome de Deus, que criou todos os seres humanos iguais nos direitos, nos deveres e na dignidade, e os chamou a conviver entre si como irmãos, a povoar a terra e a espalhar sobre ela os valores

---

10. KÜNG, H., *Para que um ethos mundial? Religião e ética em tempos de globalização*, São Paulo, Loyola, 2005, 174s.

do bem, da caridade e da paz" (FT 285). Não há uma referência explícita a Deus como Pai, mas a convivência humana é caracterizada como fraterna (como irmãos).

Também não deixa de chamar nossa atenção a dupla oração que fecha a encíclica *Fratelli Tutti*. Na primeira, dirigida a *Deus Criador*, os termos iniciais se referem a Deus como "Senhor e Pai da humanidade", apresentando o fundamento geral da fraternidade humana. Na segunda invocação, intitulada *Oração Cristã Ecumênica*, aparece claramente a fundamentação cristã dessa mesma fraternidade pela referência à pessoa de Jesus Cristo e à ação universal do Espírito Santo (FT 287). Esse fato denuncia já a dificuldade em aceitar sem mais a noção de fraternidade como uma característica universal e, portanto, unívoca. Já no início dessa encíclica o Papa Francisco reconhece que pretende apresentar o amor fraterno "na sua dimensão universal, na sua abertura a todos" (FT 6), mas consciente de que o faz "a partir das minhas convicções cristãs" (FT 6). Daqui surge a questão: invalida tal fato a pretensão universalista desta encíclica?

IV. Reflexão final

Qualquer reflexão acontece sempre no interior de um horizonte de compreensão, pois qualquer ato cognoscitivo é uma interpretação da realidade. Conhecer é interpretar, pois a realidade se deixa desvendar conforme as perguntas que lhe dirigimos, fato que explica a pluralidade das ciências, mesmo ao abordarem a mesma realidade. Consequentemente não existe um ponto de vista neutro, que prescinda de uma chave de leitura particular. Portanto, vamos considerar nossa questão na perspectiva da fé cristã.

Não podemos negar que a noção de fraternidade apresenta raízes cristãs que também moldaram a cultura ocidental. Perde ela, então, sua pretensão de universalidade? Ou se encontra ela na mesma situação de qualquer noção ou conceito, que não podem se livrar do solo sociocultural de onde nasceram, pois nada existe na inteligência que não tenha passado pelos sentidos? Naturalmente podem existir religiões que apresentem um horizonte de compreensão mais amplo, capaz de receber e explicar os desafios postos ao ser humano pela natureza, pela sociedade, pela história, enfraquecendo, assim, ou mesmo eliminando, outras religiões menores incapazes de fazê-lo[11]. Desse modo, conseguem apresentar noções religiosas de maior amplitude semântica, mesmo que não alcancem a característica de universais simplesmente.

Há ainda outro ponto a ser mencionado. A história nos demonstra que as religiões são grandezas "porosas", pois, ao longo dos séculos, se transformam pelo desafio de novas situações a serem explicadas e afrontadas, ou mesmo pela proximidade com outras religiões e culturas (causas endógenas ou exógenas). Embora mantenham sua identidade original, podem se apresentar em configurações diversas com relação às anteriores, porque nenhuma delas é uma ilha isolada no desenrolar histórico da humanidade. Esta afirmação diminui bastante a dificuldade com a nossa noção de fraternidade, pois o contato com a cultura e com a religião cristã tornou essa noção mais conhecida junto às demais religiões e culturas. Certamente um ponto positivo para sua universalidade. Entretanto, não nos enganemos. Essa noção cristã poderá ser recebida e entendida num outro horizonte religioso de compreensão, fato esse que produzirá inevitavelmente certos matizes não encontrados num contexto cristão. Assim, por exemplo, a noção de amor fraterno pode ser acolhida pelo budismo, mas com outra fundamentação e num outro horizonte religioso[12].

---

11. PANNENBERG, W., Erwägungen zu einer Theologie der Religionsgeschichte, in: id. *Grundfragen Systematischer Theologie*, Göttingen, Vandenhoeck, 1967, 264-277.
12. BRÜCK, M., Von, Heil und Heilswege im Hinduismus und Buddhismus. Eine Herausforderung für christliches Erlösungsverständnis, in: BRÜCK, M. Von; WERBICK, J. (Hrsg.), *Der einzige Weg zum Heil?* München, Herder, 1993, 78.

Igualmente no islamismo: são meus irmãos (fraternidade) e, portanto, dignos de amor fraterno, aqueles que são submissos a Alá[13]. Já o hinduísmo considera o sistema de castas como determinação divina, limitando assim nosso conceito de fraternidade[14]. A noção de fraternidade é, sem dúvida, mais bem acolhida nas religiões abraâmicas fundamentadas na fé num único Deus, do qual somos todos seus filhos e filhas.

Chegamos assim a uma conclusão não muito animadora, pois, dependendo do contexto cultural ou religioso onde se encontre o termo "fraternidade", ele irá apresentar matizes diferentes que impedem sua univocidade e, portanto, sua universalidade. Contudo, poderíamos também nos perguntar se existe alguma noção, fruto da criação humana, que tenha atravessado a história mantendo-se impermeável às transformações socioculturais e ostentando um conteúdo semântico invariável? Isso porque a fusão dos horizontes de compreensão constitui mais um sonho do que uma meta realizável.

Mas creio que haveria outra noção que, mesmo mantendo o que dissemos acima, no fundo, diz o mesmo que fraternidade, embora seja talvez mais fácil de fazer valer sua universalidade. Pois as religiões se apresentam como instâncias salvíficas para o *ser humano*: querem o seu bem, sua felicidade, sua paz, ao oferecer-lhe sentido para a vida e meios para realizá-la. Vivemos hoje uma época muito preocupante, na qual a ânsia de lucro, a hegemonia do fator econômico, o individualismo cultural, a busca desenfreada por consumo de bens, a acumulação das riquezas nas mãos de alguns poucos e a miséria por parte de muitos, a consequente desigualdade, as explosões de violência, as emigrações forçadas, a deterioração dos relacionamentos pessoais, o enfraquecimento do fator político, ameaçam o pró-

---

13. VARILLON, F., *Un chrétien devant les grandes religions*, Paris, Bayard/Centurion, 1995, 63-65.
14. BRÜCK, op. cit., 62.

prio ser humano, reduzido a uma peça nessa engrenagem que pode ser facilmente substituída quando não mais rende o que dela se espera.

A cultura atual da produtividade e da eficácia relega o ser humano a um fator secundário na sociedade. Sem dúvida alguma, por oferecer uma instância transcendente que não pode ser reduzida a essa lógica fria e hegemônica[15], a religião aparece como uma *instância crítica* diante dessa corrente desumanizadora. Assim, ela oferece sentido à existência e motivação para transformar o *status quo* que a simples razão não consegue proporcionar, como já reconhecia J. Habermas[16]. Desde que não caia no fanatismo e não prescinda da razão, a religião tem um importante papel humanizante. Mesmo que as razões para tal finalidade se apresentem diversas nas várias religiões, elas podem desempenhar uma função importantíssima em nossos dias, ao defenderem a dignidade única do ser humano.

Para o cristianismo essa conclusão é óbvia. A mensagem do Reino de Deus proclamada e vivida por Jesus Cristo não só nos revelou um Deus criador que é Pai e que, portanto, nos constituiu a todos como irmãos, mas ainda um Deus que entra na história em prol de uma humanidade fraterna e justa, valorizando a tal ponto o ser humano que chega a se identificar com ele: "A mim o fizestes" (Mt 25,40). As outras religiões podem apresentar outros fundamentos para a defesa e a valorização única do ser humano, pois o que mais importa é que salvaguardem a *dignidade humana* das ameaças atuais.

Nesse sentido, o termo "fraternidade", embora diga mais em sua acepção judaico-cristã, corresponderia a um *autêntico humanismo*, meta essa também almejada pelas demais religiões, embora apresentem diversidades provindas das tradições cul-

---
15. Taylor, Ch., *Uma era secular*, São Leopoldo, Unisinos, 2010.
16. Habermas; J.; Ratzinger, J., *Dialektik der Säkularisierung. Über Vernunft und Religion*, Freiburg, Herder, 2005, 31.

turais e religiosas onde se encontram inseridas. A fraternidade, enquanto brota de um *dinamismo*, como já observara Santo Tomás para a ação do Espírito Santo nas pessoas[17], pode se concretizar *diversamente* na fidelidade ao dinamismo primeiro, devido ao respectivo contexto sociocultural. Diante da crítica situação em que se encontra hoje a humanidade, defender e promover a dignidade da pessoa justifica o alcance universal da expressão utilizada pelo Papa Francisco, pois seu objetivo é salvar o ser humano em sua dignidade, o que é sem dúvida o mais importante e o mais universal, ainda que fundamentado na fé cristã.

---

17. Santo Tomás de Aquino, *Summa Theologica*, I-II, q. 106, a. 1.

Fé cristã e cultura virtual

A história do cristianismo nos demonstra que, ao longo dos séculos, ele sempre se deparou com sucessivas culturas sujeitas a transformações. A cultura virtual vivida por nós, embora ainda não tenha desenvolvido toda a sua potencialidade, representa mais um desafio para a fé cristã. O objetivo deste texto não consiste em entrar detalhadamente na problemática que essa nova cultura provoca, mas simplesmente considerá-la a partir da própria fé cristã, a saber, permaneceremos no âmbito de uma reflexão teológica. Desse modo, talvez possamos introduzir aspectos da problemática omitidos ou pouco valorizados no debate atual, embora altamente pertinentes para o futuro do próprio cristianismo.

Numa primeira parte veremos que o que hoje chamamos de "virtual" constitui uma característica já presente e atuante na própria Bíblia e, consequentemente, no próprio cristianismo. Numa segunda parte indicaremos algumas características principais da mídia atual, sem pretensão alguma de abarcarmos toda a amplitude e complexidade dessa cultura virtual. Numa terceira parte abordaremos as condições requeridas para que a fé cristã possa ser devidamente proclamada e acolhida, seja por parte do emissor, seja por parte do receptor. Tais condições constituem requisitos fundamentais, como veremos, para a própria sobrevivência do cristianismo, já que foram altamente significativas no passado e continuam sendo ainda hoje para enfrentarmos o desafio da cultura cibernética.

Só então poderemos indicar algumas orientações diante dos desafios postos à atual pastoral da Igreja, como a dificuldade em controlar as emissões, o enfraquecimento da autoridade estabelecida, o narcisismo dos emissores, a redução da mensagem cristã apenas ao seu aspecto informativo, as vantagens e desvantagens de uma pastoral virtual, as condições para a existência de comunidades cristãs virtuais, os perigos de uma cultura individualista e consumista, a consequente formação de grupos eclesiais monocromáticos (bolhas virtuais), a tentação de privilegiar a quantidade (alto número de internautas) em prejuízo da verdade cristã, e um possível esvaziamento das celebrações presenciais. Naturalmente, muitas dessas questões ainda buscam respostas, pois estamos ainda convivendo com grandes e rápidas transformações culturais em curso, mas não podemos ficar ausentes das mesmas.

I. O cristianismo é todo ele virtual

Esta afirmação nos desconserta um pouco, mas, como veremos adiante, ela pode ser comprovada. Isso porque o cristianismo se caracteriza pela fé em Deus como criador do mundo, em Deus que revela seu projeto para toda a humanidade ao longo da história do povo de Israel, tendo na pessoa e na missão de Jesus Cristo a revelação definitiva desse seu desígnio de salvação e de felicidade para todos os seres humanos. Jesus Cristo chamou esse projeto do Pai de "Reino de Deus", o qual tem seu início já neste mundo e chega a sua plenitude e perfeição na vida eterna em Deus. Ao chamar alguns contemporâneos seus para segui-lo em sua vida e missão, Jesus Cristo inaugurou o que conhecemos como cristianismo. Sua missão é levar adiante na história o projeto de Deus para a humanidade, fazendo dela a família de Deus, já que todos são irmãos e irmãs enquanto filhos e filhas de Deus.

Entretanto, aqui surge uma questão. O Deus que invocamos, adoramos, anunciamos, e a quem obedecemos, é um Deus que não pode ser objeto de nosso conhecimento, pois ele é infinito, inalcançável, e nós só podemos conhecer realidades limitadas. Portanto, Deus é um *mistério* para nós, como aparece tão bem no Antigo Testamento, em várias ocasiões. Ele se faz presente indiretamente através de *sinais* como a sarça ardente (Ex 3,2), a coluna de nuvem (Ex 13,21), o trovão e o raio (Ex 19,9.16); daí também a proibição de imagens suas (Ex 20,4).

Jesus Cristo é para nós o revelador perfeito de Deus, é Deus em linguagem humana, como ele próprio declarou: "Quem me vê, Filipe, vê o Pai" (Jo 14,9). A humanidade de Jesus é a mediação para chegarmos ao Filho eterno do Pai. Nesse sentido, o Concílio Vaticano II declara que Cristo é a imagem do Deus invisível (Cl 1,15), o sinal de Deus, assim como a própria comunidade eclesial é também o sacramento de Deus (LG 1), isto é, assinala, aponta, remete, pelo seu testemunho de vida, sua fé, suas celebrações, suas ações humanitárias, para a presença atuante de Deus em seus membros. Não era Teresa de Calcutá sinal de Deus para seus contemporâneos?

E o próprio Jesus Cristo, centro de nossa vida cristã, por não termos sido seus contemporâneos, se faz presente e atuante para nós nos *sinais da fé* (embora essa afirmação deva ser completada pela atuação do Espírito Santo). São eles os relatos evangélicos, as cartas de Paulo e de João, enfim, a Palavra de Deus que nos é anunciada; são também eles as celebrações sacramentais, especialmente a eucaristia, ou ainda a própria Igreja, que invoca, anuncia e testemunha Jesus Cristo.

Podemos, portanto, concluir que *toda a realidade do cristianismo é de natureza sacramental*: através do que é visível, ela nos remete ao invisível, através do humano nos aponta para o divino, através do que nos é acessível, nos lança ao Inacessível. Podemos expressar o mesmo com outras palavras: por meio de sua natureza de sinal (sacramento), o que é distante se faz próximo, o que é passado se faz atual; o Jesus que palmilhou a Palestina é o Cristo que hoje orienta nossos passos e norteia nossa vida. Aqui deixo uma questão: não é assim que caracterizamos a realidade como *realidade virtual*, aquela que, ao relativizar espaço e tempo, torna o ausente presente, o distante próximo, o passado atual?

Entretanto, nosso Deus a ser proclamado, isto é, comunicado, é um Deus que se doa a si próprio ao ser humano na pessoa de Jesus Cristo e do Espírito Santo. Não se trata de uma comunicação apenas verbal, mas real, uma autêntica doação de si que interpela, espera uma resposta, atinge a existência de cada um, para, pela ação do Espírito Santo, fazê-lo assumir a vida do Mestre de Nazaré. Portanto, mais do que comunicar doutrinas ou normas morais, a comunicação cristã nos possibilita experimentarmos o próprio Deus, seu amor, sua gratuidade, sua misericórdia. Ao acolhermos Deus por procurarmos fazer nossa a vida de Jesus, teremos existencialmente uma experiência pessoal de sentido, de plenitude, de força, de salvação. O cristianismo nos comunica uma *realidade viva*, o próprio Deus se doando.

Assim sendo, o que uma geração cristã comunica à seguinte é o que ela própria crê, o que ela é, o que ela vive. O processo comunicativo acontece principalmente pelo testemunho de vida da comunidade dos fiéis, que aponta em sua vida crenças e ações para o Deus de Jesus Cristo vivo e atuante. Sem dúvida é uma comunicação singular, diferente, única, pois não se limita a fornecer informações, mas revela o gesto de amor de Deus por cada ser humano. É essencialmente interpelativa, existencial, salvífica.

Daqui já aparece a enorme importância que tem o sinal no cristianismo: ele deve ser compreendido para ser significativo e pertinente para toda uma geração. Seu aspecto externo pode mudar conforme as diversas culturas que o expressam ou as diferentes linguagens que o anunciam. Fundamental é que o mistério de Deus, nele presente e atuante, seja realmente *manifestado*, possibilitando assim uma experiência de Deus por parte do cristão.

O *emissor* que comunica os sinais de Deus deve estar muito consciente do que transmite: são "palavras de vida eterna" (Jo 6,68), são celebrações que atingem existencialmente o rumo de uma vida, são comunidades de irmãos e irmãs que iluminam e sustentam a caminhada pessoal de cada um. Entretanto, para que aconteça esse encontro próximo com o Deus distante, é fundamental a ação do Espírito Santo, tanto no pregador quanto no que o escuta, tanto no celebrante quanto no participante. É o Espírito Santo que nos introduz no núcleo da manifestação do mistério (1Cor 12,3), que nos leva para além de sua expressão visível (1Jo 1,1), que nos garante que nossa oração chega realmente ao Pai (Rm 8,15) e que nossa conduta seja realmente cristã (Gl 5,25). Os sinais do cristianismo têm intrinsecamente uma *realidade mística* que deve ser respeitada, valorizada e estar sempre presente, independentemente dos meios utilizados em sua execução.

Este ponto deve ser enfatizado, pois, somente na abertura para o mistério oferecido no sinal e livremente acolhido, a distância espacial e temporal é eliminada e o cristão pode chegar realmente a uma experiência pessoal com Jesus Cristo ou com o Pai. O Espírito aí está como quem torna a mesma possível. É uma experiência salvífica, pois acolhe Deus, que é nossa salvação. É uma experiência gratificante, pois sintonizamos com a vontade de Deus, com o sentido último de nossa vida. Ela alcança o que temos de mais íntimo e pessoal, o coração na linguagem bíblica, atingindo nossa inteligência, liberdade, afetividade e imaginação. "Sentimos" Deus próximo, como que diante de nós; conversamos com Jesus Cristo transpondo tempo e espaço; pressentimos ser movidos pelo Espírito, conscientes das nossas limitações humanas.

Da parte do *receptor* da mensagem evangélica, é fundamental que a receba como tal, a saber, como Palavra *de Deus* a ele dirigida. Portanto, deve acolhê-la não como mais uma palavra humana, mas sim como Palavra divina, o que só pode acontecer à luz da fé que professa. Esta lhe fornece a olhar para captar essa Palavra como Palavra de Deus, pois, sem a fé, ela seria apenas uma palavra meramente informativa de cunho histórico ou cultural. A fé atua aqui como um horizonte de compreensão *próprio*, já que um horizonte se encontra sempre presente e ativo em qualquer conhecimento humano.

Acolher a Palavra de Deus significa recebê-la como sinal que remete a algo mais, ao próprio Deus que nos fala. Desse modo, o perigo aqui seria permanecer preso a sua realidade externa e visível, privando-a de ser realmente sinal da presença atuante de Deus. Esse perigo pode acontecer na escuta da Palavra de Deus ou dos relatos evangélicos, nas celebrações sacramentais ou não, no modo de olhar a própria comunidade eclesial, vendo-a apenas como uma mera instituição social. Nesse caso, o sinal não seria mais sinal, pois não nos possibilitaria uma experiência pessoal e salvífica com Deus.

Podemos, portanto, concluir esta primeira parte que todo o cristianismo é sinal, é sacramental, é virtual, enquanto é mediação do mistério de Deus, da pessoa de Jesus Cristo, da ação santificadora do Espírito Santo, tornando o distante próximo e o passado presente.

II. A atual cultura virtual

O surgimento dos modernos meios de comunicação social transformou profundamente a sociedade humana, os hábitos cotidianos, a transmissão de conhecimentos, tornando-nos próximos de regiões distantes e de realidades passadas, dotando-nos de uma consciência planetária inédita na história humana. O som veiculado pelo telefone e pelo rádio eliminou distâncias, assim como a televisão fez o mesmo através do som e da imagem. A internet deu mais um passo facilitando o acesso individual ao conhecimento disponível na mídia, por meio de dispositivos móveis, como *smartphones* e *tablets*, e possibilitando até mesmo intervenções individuais e grupais, pelas diversas redes disponíveis. Trata-se de um fácil, direto e imediato acesso a fatos e informações não só através de vozes ou de textos, mas especialmente de imagens e de eventos ao vivo.

Entendemos por *cultura* uma visão determinada da realidade que fornece nossa identidade, plasma nossas estruturas mentais, configura nossa afetividade e nos capacita a interpretarmos a existência. Não consiste só numa grandeza que ilumina e ordena a vida social, pois também está presente embutida em nosso comportamento e em nossas ações. Nesse sentido, a mídia constitui não só um instrumento de informação, mas, por sua linguagem típica, também é uma *cultura*. De fato, ela oferece uma interpretação da realidade e um etos correspondente, afeta nosso imaginário, muda nosso comportamento, localiza nossas preocupações e estimula nossas aspirações.

Não nos cabe nesta altura empreender uma descrição e um estudo minucioso do mundo digital no qual hoje vivemos. Apresentações anteriores à nossa já o fizeram com maior amplitude e competência. Apenas selecionamos algumas características dessa cultura cibernética que incidem diretamente na missão evangelizadora do cristianismo.

Primeiramente se trata de uma *cultura de informação*, transmissora de conhecimentos para habitantes de regiões mais distantes, aproximando assim povos e culturas. Sem dúvida, uma conquista de grande valor; porém, a aceleração do ritmo de vida, o consequente cansaço e a diminuição do tempo disponível consagram a lei do menor esforço, favorecendo textos breves e imagens abundantes. Sem dúvida a informação que dispensa uma atitude reflexiva e crítica, que não contextualiza os acontecimentos, tende a ser superficial e objeto de consumo, reduzida a fator meramente de entretenimento. Além disso, a oferta profusa de conhecimentos, em forma de textos breves, fotos e vídeos, pode condená-los à superficialidade e ao simplismo (FT 50).

Observe-se também que, devido à hegemonia do *fator econômico* na atual sociedade, essa enorme quantidade de informações será utilizada a serviço da produtividade, da eficácia e, sobretudo, do lucro, pois os custos para manter em atividade toda essa rede informativa são bem altos, e seus patrocinadores conseguem, assim, ter forte influência no conteúdo e na modalidade dessas emissões, com prejuízo para sua verdade e qualidade. O índice de audiência se torna então um fator decisivo, priorizando o sensacional, o emotivo, o chocante, e seu público é visto apenas como consumidor.

Nesse sentido, a tendência é evitar tudo o que possa significar perda de público. Consequentemente, o que nos é apresentado passou por um complicado processo de seleção e construção de imagens para que possa ser um "produto noticiável". Portanto, trata-se sempre de uma realidade "construída", embora hoje corrigida em parte pela possibilidade de interferência e de debate por parte do público que frequenta as redes. A facilidade de acesso e de participação no espaço virtual por parte do indivíduo é, sem dúvida, uma conquista da humanidade, mas, por outro lado, possibilita deformações da verdade

(*Fake News*) e afirmações agressivas e injustas, muitas vezes encobertas pelo anonimato.

De qualquer modo, a mídia condiciona fortemente nossa cultura. Vivemos com a mídia e pela mídia, imersos em seu âmbito sociocultural, verdadeiro palco dos acontecimentos sociais. Muitos dos nossos contemporâneos vivem tranquilamente uma vida online e off-line, sem verem nisso problema algum, tendo, mesmo em alguns, o universo online um maior impacto em suas vidas. Pertencer ou não a uma determinada rede ou grupo específico é escolha de cada um, guiada especialmente por seu interesse próprio, ou também pela busca de identidade pessoal num grupo que confirme seu modo de ser e de viver. Tal fato favorece o individualismo, por poupar a pessoa dos relacionamentos presenciais que, embora desafiantes e difíceis, colaboram decisivamente para sua maturidade. Em todo caso, as "comunidades virtuais", sejam de cunho familiar, profissional ou comercial, aí estão.

Por um lado, não podemos mais viver sem habitar esse espaço virtual, mas, por outro, corremos o perigo de nos tornarmos dependentes de informações e contatos online, como já vem acontecendo, sobretudo entre os jovens, com consequências negativas em sua formação humana e educativa. Abre-se assim todo um desafio que deve ser disciplinado. Como observamos anteriormente, só abordaremos alguns setores dessa cultura cibernética que repercutem na missão do cristianismo, e de modo bem simples. É o que veremos em seguida.

III. Cristianismo e cultura virtual

De fato, desde que procuremos entender e utilizar o espaço cibernético como meio do anúncio da fé cristã, logo aparecem mais claramente não só as semelhanças entre essas realidades, como também entre suas respectivas condições de realização.

Vejamos primeiramente uma semelhança fundamental. Considerando objetivamente o cristianismo em sua realidade histórica, consiste num conjunto de sinais que possibilitam tornar presente o distante e atual o passado, como já mencionamos anteriormente. Nele, encontramos relatos históricos, expressões e celebrações da fé, imagens e obras artísticas, vidas exemplares, obras teológicas e, sobretudo, um imaginário social iluminado pela fé como fator decisivo para a compreensão e a vivência pessoal desses sinais. Nesse sentido, o cristianismo constitui o contexto sociocultural da fé cristã. De certo modo, assim *também* se constitui o mundo virtual, a saber, por sinais que mediatizam realidades distantes no espaço e no tempo, dando origem a um contexto sociocultural virtual, o qual influencia nossos conhecimentos e orienta nossas ações.

Vejamos agora as *condições* para que a cibercultura e o próprio cristianismo possam ser realmente pertinentes. Digamos logo de início que o cristianismo não pode ignorar a cibercultura, tão dominante a ponto de se afirmar hoje: o que não aparece nas mídias sociais, como, por exemplo: TikTok, Instagram, WhatsApp e outras, simplesmente não existe. Contudo, ao procurar habitá-las, devem ser examinadas as *condições* requeridas para que o cristianismo seja, de fato, nelas compreendido e vivido. Podemos adiantar que a primeira e a mais importante dessas condições é que proporcione um *autêntico encontro com Deus*, ou, com outras palavras, que incida realmente na existência da pessoa, ao possibilitar que o Deus transcendente e longínquo se faça próximo e acessível. Para tal é fundamental que o sinal possa ser captado como sinal do Deus transcendente (ou da pessoa de Jesus Cristo), a saber, que remeta para além de si, cumprindo seu papel de sinal.

Entretanto, para que os sinais de Deus sejam realmente entendidos e acolhidos como *sinais de Deus*, existem *condições* tanto da parte daquele que emite ou comunica o conteúdo do sinal quanto de quem o recebe, que deve poder compreendê-lo, de fato, como sinal de Deus, como vimos antes. Pois, aquele que manifesta Deus, ou mesmo a pessoa de Jesus Cristo, pode utilizar uma linguagem arcaica, incompreensível, opaca, que mais oculta o que quer manifestar. Atua mais como biombo do que como vitrine.

Com isso estou também reconhecendo que o sinal, uma vez que constitui o meio do que é comunicado, tem importância decisiva na comunicação, podendo mesmo deformar, desvirtuar, rebaixar ou até silenciar o que pretendia tornar presente e atuante. Além disso, seu papel de mediador deve fornecer um conteúdo que seja pertinente, que atinja a realidade existencial do *destinatário*, que desperte seu interesse, que traga luz e força para seu dia a dia. Portanto, que não esteja limitado a ser apenas uma informação a ser conhecida, mas uma verdade que o interpele, provoque e estimule sua resposta pessoal. Não é isso que nos ensina a própria Bíblia, quando afirma ser a Palavra de Deus eficaz (Is 55,11; Hb 4,12). Não foi isso que caracterizou a pregação de Jesus Cristo, não como um professor que transmite conhecimentos, mas como alguém que convida seus discípulos a partilharem sua vida itinerante pelas estradas da Palestina e a assumirem sua missão pelo Reino de Deus?

De fato, para nós cristãos, como os demais sinais da fé, a Palavra de Deus é sempre uma Palavra que nos interpela, nos convida, nos questiona, espera uma resposta de nossa parte. E a razão é simples: Deus se doa a si próprio quando nos aborda, e seu gesto é uma iniciativa que brota do amor e que busca nossa salvação, desde que o acolhamos, sempre respeitando nossa liberdade. Esta afirmação vale para tudo o que o cristianismo nos oferece: jamais se trata apenas de mero conhecimento de uma verdade, de mero rito de um mistério, de mera instituição estática e fechada em si mesma.

Satisfazem esse requisito os meios modernos de comunicação? Certamente que sim, observadas certas *condições*, pois a modalidade comunicativa dominante de tais meios é de cunho *informativo* (e, em boa parte, voltada para o entretenimento), depende muito do fator econômico e em geral busca o maior número de internautas. Sabemos que as redes sociais utilizam algoritmos, elaborados por cientistas de dados, por especialistas de neuropsicologia e por inteligência artificial, para influenciar e manipular seus usuários. Consequentemente, faz-se necessário que tais emissões, enquanto assumidas pelo cristianismo, apresentem um modo próprio de ser, um enfoque cristão, uma atmosfera específica, a fim de ultrapassar o nível meramente informativo e provocar uma resposta pessoal por parte do público. Pois, como todo anúncio da fé, deve ter um *apelo mistagógico* que leve o participante ao encontro com Deus. Não observada essa condição, poderemos ter emissões televisivas ou acessíveis no YouTube, mas que deixam o espectador sem transformação alguma.

Além disso, a aceleração do tempo, o domínio atual da imagem sobre o texto, a busca por sensações fortes, a dividida atenção por parte do público, a exigida brevidade das mensagens, entre outros fatores, dificultam sobremaneira o anúncio da fé nos atuais meios de comunicação social. Para oferecer um exemplo: uma celebração eucarística no Vaticano pode ser vista apenas como um grande espetáculo artístico, aliás, também para os que estão fisicamente presentes.

Não podemos deixar de mencionar que existem questões emersas da cultura virtual e que ainda buscam as devidas soluções. Comecemos pela característica essencial do cristianismo enquanto se fundamenta numa *comunidade de fiéis*, iniciada já por Jesus ao constituir o grupo dos doze apóstolos e encarregá-los de levar adiante a sua missão. Através da pregação e das viagens de Paulo, novas comunidades se formaram transmitindo a mensagem cristã pelo testemunho de vida e pela pregação. Como comunidades locais, elas se organizaram tendo um de seus membros o múnus de orientá-la e de dirigi-la à semelhança de um pastor com seu rebanho. Mais tarde, tais comunidades, com seus supervisores (bispos), terão seu território definido à semelhança das províncias do império romano. Nascem assim as dioceses atuais. Consequentemente, o *espaço territorial* sempre teve grande importância no cristianismo.

A figura da autoridade eclesial se exercia, assim, no território a ela confiado, definindo metas prioritárias de pastoral, modalidades de organização institucional, promovendo a unidade do clero e dos fiéis, resistindo aos ataques das heresias e dos poderes civis, para citar alguns setores sob sua responsabilidade. Hoje essa modalidade de governo, baseada na territorialidade, se encontra questionada já pela presença do rádio e da televisão, e ainda mais pela internet e suas redes sociais.

Qualquer um pode emitir e receber mensagens cristãs, diretrizes pastorais, interpretações da fé, informações nem sempre verdadeiras, enfim, orientações que influenciam e se desviam daquelas da sua comunidade local. Consequentemente se relativiza e se enfraquece não só a autoridade local, mas também seus objetivos e planos pastorais, já que as emissões cibernéticas prescindem do fator territorial e não podem ser eliminadas. Esse problema se encontra agravado em nossos dias por vivermos uma época de transformações numa sociedade pluralista e tolerante, as quais repercutem fortemente no próprio cristianismo, originando divergências e polarizações de cunho doutrinal e disciplinar, como experimentamos em nossos dias.

Mais grave é a ameaça à *unidade* da fé cristã, pois aqueles que recebem as emissões podem também reagir às mesmas com total liberdade de expressão, influenciando assim outros internautas. Caso não tenham a requerida formação teológica básica, podem enviar, sem qualquer controle, afirmações exageradas ou falsas. Isso porque o espaço cibernético representa hoje a ágora (praça) dos gregos, onde se discutia livremente sobre tudo. E a sociedade atual aparece como uma sociedade do debate permanente. Dito isso, não negamos, entretanto, a presença, na história da Igreja, de posicionamentos diversos sobre pontos não centrais da doutrina ou da moral, em pronunciamentos do magistério ou dos teólogos.

Outra questão relacionada com a comunidade cristã poderia ser assim formulada: podem as comunidades virtuais ser consideradas verdadeiras *comunidades cristãs*? Pois a comunidade cristã sempre foi vista como comunidade presencial, já que a presença física aproximava seus membros, permitia o diálogo, a ajuda mútua, o testemunho de vida, o sentimento de não se achar sozinho na vivência da fé, mas ajudado por outros que também a partilhavam. Poderíamos nos perguntar: basta pertencer a uma rede de cristãos para se considerar membro de uma comunidade cristã?

Podemos responder afirmativamente, observadas duas condições. A primeira delas pressupõe que seus membros partilhem mutuamente suas *experiências pessoais de fé*, com suas luzes e sombras, com seus questionamentos e suas dúvidas, com suas ações e realizações, com seus impasses e divergências, com suas práticas de oração e de vida sacramental. Numa palavra, informação e diálogo, porém, caracterizados pela *vivência pessoal* da mesma fé, já que se trata de uma comunidade de fiéis.

A outra condição é que seja uma comunidade que acolha a *diversidade* presente nas comunidades cristãs presenciais, pois o perigo das redes virtuais é que sejam homogêneas, a saber, formadas por pessoas de mentalidades, opiniões, ou preferências comuns, formando "bolhas" isoladas das demais, que não admitem ser questionadas e se julgam as autênticas comunidades cristãs. Daí o enorme perigo de se fecharem em si mesmas, caírem no tradicionalismo ou no radicalismo e constituírem uma caricatura da autêntica comunidade cristã. Isso porque as comunidades de fé devem abrigar em si a totalidade das vivências plurais da mesma fé, evitando posições polarizadas e intolerantes, já que são apenas concretizações locais da comunidade universal dos fiéis que constitui o cristianismo.

Não há dúvida de que os meios de comunicação social são altamente custosos, sofrendo assim uma pressão dos investidores para alcançarem um grande público. Essa exigência, de cunho econômico, pode redundar numa busca por agradar ao público, levando seus agentes a se submeter e se adaptar aos gostos, aspirações ou modas do público, sobretudo no modo de se apresentar, como constatamos em alguns programas religiosos que mais se assemelham às emissões vitoriosas de cunho informativo e recreativo do momento. Aqui fica a pergunta: possibilitam de fato, tais transmissões, um contato pessoal com Deus, um fortalecimento da consciência cristã, um momento de reflexão sobre a própria existência, uma ajuda real para a vida de fé? Ou nelas emerge mais fortemente o protagonismo daquele que a apresenta, sua simpatia e sua popularidade?

Bibliografia

ALMEIDA, A. J. de. *Novos ministérios. A necessidade de um salto à frente*. São Paulo: Paulinas, 2013.

ASSOCIAZIONE TEOLOGICA ITALIANA. *Chiesa e sinodalità*. Milano: Glossa, 2007.

BEINERT, W. Der Glaubenssinn der Gläubigen in Theologie- und Dogmengeschichte. Eine Überblick. In: WIEDERKEHR, D. (Hrsg.). *Der Glaubenssinn des Gottesvolkes. Konkurrent oder Partner des Lehramts*. Freiburg: Herder, 1994.

BENTO XVI. *Carta Apostólica sob forma de motu próprio Porta Fidei*. São Paulo: Paulinas, 2012.

BORRAS, A. La régulation canonique des ministères confiés à des laics. In: ROUTHIER, G.; Villemin, L. (dir.). *Nouveaux apprentissages pour l'Église. Mélanges en honneur de Hervé Legrand*. Paris: Cerf, 2006.

BRÜCK, M. Von, Heil und Heilswege im Hinduismus und Buddhismus. Eine Herausforderung für christliches Erlösungsverständnis. In: BRÜCK, M. Von; WERBICK, J. (Hrsg.). *Der einzige Weg zum Heil?* München: Herder, 1993.

CASTILLO, J. M. *Deus e a nossa felicidade*. São Paulo: Loyola, 2006.

_____. *La humanización de Dios. Ensayo de cristología*. Madrid: Trotta, 2009.

CATELAN, A. L. A sinodalidade no magistério do Papa Francisco. *Atualidade Teológica*, v. 22, n. 59 (maio/ago. 2018) 390-404.

CODA, P. Erneuerung des synodalen Bewusstseins im Volk Gottes, *Theologische Quartalschrift*, 192 (2012) 103-120.

COMISSION THEOLOGIQUE INTERNATIONALE. *Le "sensus fidei" dans la vie de l'Église*. Paris: Cerf, 2014.

CONGAR, Y. *A Palavra e o Espírito*. São Paulo: Loyola, 1989.
_____. *Écrits Reformateurs*. Paris: Cerf, 1995.
_____. *Je crois en l'Esprit Saint III*. Paris: Cerf, 1980.
_____. Le développement historique de l'autorité dans l'Église. Éléments pour la réflexion chrétienne, in: TODD, J. M. (ed.). *Problèmes de l'Autorité*. Paris: Cerf, 1962.
CONSELHO EPISCOPAL LATINO-AMERICANO. *Documento de Aparecida*. São Paulo: CNBB/Paulus/Paulinas, 2007.
CORECCO, E. La récéption de Vatican II dans le Code de Droit Canonique. In: ALBERIGO, G.; JOSSUA, J.-P. (eds.). *La récéption de Vatican II*. Paris: Cerf, 1985.
DE LUBAC, H. *La Foi Chrétienne*. Paris: Aubier, 1970.
DERROITTE, H. Cours de religion catholique et pluralité religieuse. *Revue Théologique de Louvain*, 41 (2010) 57-85.
DIANICH, S. *La Chiesa Cattolica verso la sua Riforma*. Brescia: Queriniana, 2014.
DURAND, G. *Une éthique à la jonction de l'humanisme et de la religion*. Fides: Quebec, 2011.
ESTRADA, J. A., art. Pueblo de Dios. In: ELLACURÍA, I; SOBRINO, J. (ed.). *Mysterium Liberationis II*. Madrid: Trotta, 1994.
FRANÇA MIRANDA, M. *A Igreja numa sociedade fragmentada*. São Paulo: Loyola, 2006.
_____. *A Igreja que somos nós*. São Paulo: Paulinas, 2013.
_____. Conversão e reforma eclesial. In: _____. *A Reforma de Francisco. Fundamentos teológicos*. São Paulo: Paulinas, 2017.
_____. Igreja e sociedade na *Gaudium et Spes*. In: _____. *A Igreja numa sociedade fragmentada*. São Paulo: Loyola, 2006.
_____. O Espírito Santo nas religiões não cristãs. In: _____. *O cristianismo em face das religiões*. São Paulo: Loyola, 1998.
_____. Salvação em horizonte inter-religioso. In: CALIMAN, C. (org.). *A sedução do sagrado*, Petrópolis: Vozes, 1998.
GEFFRE, C. Pluralité des théologies et unité de la foi. In: LAURET, B.; REFOULE, F. *Initiation à la pratique de la théologie I*. Paris: Cerf, 1994.
GODOY, M. *Presbyterorum Ordinis. Texto e comentário*. São Paulo: Paulinas, 2012.
GNILKA, J. Strukturen der Kirche nach dem Neuen Testament. In: SCHREINER, J. (Hrsgs.). *Die Kirche im Wandel der Gesellschaft*. Würzburg: [s.n.], 1970.
GRESHAKE, G. *Kirche wohin? Ein real-utopischer Blick in die Zukunft*. Freiburg: Herder, 2020.
GROPPE, E. T. The Contribution of Yves Congar's Theology of the Holy Spirit. *Theological Studies* 62 (2001) 452-456.

HAIGHT, R. *Dinâmica da Teologia*. São Paulo: Paulinas, 2004.
HUGUENIN, M-J. La morale de gradualité. *Révue d'éthique et de théologie morale*, n. 280 (2014) 75-100.
JOÃO PAULO II. *Carta Encíclica Centesimus annus*. São Paulo: Loyola, 1991.
_____. *Carta Encíclica Redemptoris Missio. Sobre a validade permanente do mandato missionário*. São Paulo: Paulinas, 1990. (A Voz do Papa, n. 125).
_____. *Carta Encíclica Ecclesia de Eucharistia. Sobre a Eucaristia na sua relação com a Igreja*. São Paulo: Paulinas, 2003. (A Voz do Papa, n. 185).
_____. *Exortação Apostólica Familiaris Consortio. Sobre a função da família cristã no mundo*. São João de Meriti, RJ: Virgo Fidelis, 2022.
JOUBERT, Th. Instituer l'ininstituable. Le sens eschatologique de l'autorité dans l'Église, *Recherches de Science Religieuse*, n. 109, v. 1 (2021), 75-91.
KASPER, W. *A misericórdia. Condição fundamental do Evangelho e chave da vida cristã*. São Paulo: Loyola, 2015.
_____. Amoris laetitia. Bruch oder Aufbruch? *Stimmen der Zeit*, 141 (2016) 723-732.
_____. El Vaticano II. Intención, recepción, futuro. *Revista Teología*, n. 117, v. 52 (2015), 95-115.
KAUFMANN, F.-X. *A crise na Igreja. Como o cristianismo sobrevive?* São Paulo: Loyola, 2013.
KOMONCHAK, J. Authority and Conversion or: the Limits of Authority. *Cristianesimo nella Storia*, 21 (2000) 207-229.
_____. Modernity and the Construction of Roman Catholicism. *Cristianesimo nella Storia*, 18 (1997) 353-385.
KÜNG, H. *Para que um ethos mundial? Religião e ética em tempos de globalização*. São Paulo: Loyola, 2005.
HABERMAS; J.; RATZINGER, J. *Dialektik der Säkularisierung. Über Vernunft und Religion*, Freiburg: Herder, 2005.
LAFONT, G. *Imaginer l'Église Catholique*. Paris: Cerf, 1995.
_____. *Le Catholicisme autrement?* Paris: Cerf, 2020.
_____. *L'Église en travail de reforme*. Paris: Cerf, 2011.
_____. *Petit essai sur le temps du pape François*. Paris: Cerf, 2017.
LINDBECK, G. A. *The Nature of Doctrine. Religion and Theology in a Postliberal Age*, Philadelphia: Westminster Press, 1984.
LOHFINK, G. *Deus precisa da Igreja? Teologia do Povo de Deus*. São Paulo: Loyola, 2008.
_____. *Jesus von Nazaret. Was er wollte, wer er war*. Herder: Freiburg, 2011.
INÁCIO DE LOYOLA. *Exercícios Espirituais*. São Paulo: Loyola, 2022.
MOINGT, J. *Croire quand même*. Paris: Temps Présent, 2010.
_____. *Deus que vem ao homem. Da aparição ao nascimento de Deus II*. São Paulo: Loyola, 2012.

_____. *Faire bouger l'Église catholique.* Paris: Desclée de Brouwer, 2012.
PANNENBERG, W. *Der Geist des Lebens.* In: _____. *Glaube und Wirklichkeit.* München: 1975.
_____. *Erwägungen zu einer Theologie der Religionsgeschichte.* In: _____. *Grundfragen Systematischer Theologie.* Göttingen: Vandenhoeck, 1967.
_____. *Kirche und Ökumene.* Göttingen: Vandenhoeck&Ruprecht, 2000.
_____. *Teologia Sistemática II.* São Paulo: Academia Cristã/Paulus, 2009.
PAPA FRANCISCO. *Carta Encíclica Fratelli Tutti (Todos irmãos). Sobre a fraternidade e a amizade social.* São Paulo: Loyola, 2020.
_____. *Exortação Apostólica Pós-Sinodal do Christus Vivit. Aos jovens e a todo o povo de Deus.* São Paulo: Paulinas, 2019. (A Voz do Papa, n. 207).
_____. *Exortação Apostólica Amoris Laetitia (A alegria do amor). Sobre o amor na família.* São Paulo: Loyola, 2016.
_____. *Exortação Apostólica Evangelii Gaudium (A alegria do Evangelho). Sobre o anúncio do Evangelho no mundo atual.* São Paulo: Paulus/Loyola, 2013.
_____. *Misericordiae Vultus (O rosto da misericórdia). Bula de Proclamação do Jubileu Extraordinário da Misericórdia.* São Paulo: Paulus/Loyola, 2015.
PASSOS, J. D. (org.). *Sujeitos no mundo e na Igreja.* São Paulo: Paulus, 2014.
PESCH, O. H. Das Wort Gottes als objektives. Prinzip der theologischen Erkenntnis. In: KERN, W.; POTTMEYER, H. J.; SECKLER, M. (Hrsg.). *Handbuch der Fundamentaltheologie IV. Traktat theologische Erkenntnislehre.* Tübingen: A. Francke Verlag, ²2000.
RAHNER, K. *Der Glaube des Christen und die Lehre der Kirche. Schriften zur Theologie X.* Einsiedeln: Benzinger, 1972.
_____. *Der Mündige Christ. Schriften zur Theologie XV.* Einsiedeln: Benzinger, 1983.
_____. *Kirche im Wandel. Schriften zur Theologie VI.* Einsiedeln: Benzinger, 1968.
RATZINGER, J. Art. Fraternité. *Dictionnaire de Spiritualité V.* Paris: Beauchesne, 1964.
_____. Introdução. In: COMISSÃO TEOLÓGICA INTERNACIONAL. *Pluralismo teológico.* São Paulo: Loyola, 2002.
RICOEUR, P. Le socius et le prochain. In: _____. *Histoire et Verité 2.* Paris: Seuil, 1955.
ROLLET, J. Religion et Foi. In: DORE, J.; THEOBALD, Ch. (dir.). *Penser la Foi. Melanges offerts à Joseph Moingt.* Paris: Cerf, 1993.
ROUET, A. *J'aimerais vous dire.* Paris: Bayard, 2009.
_____. *L'étonnement de croire.* Paris: Atelier, 2013.
_____. *Un goût d'espérance.* Paris: Bayard, 2008.

_____. *Un nouveau visage d'Église*. Paris: Bayard, 2005.
SANTO AGOSTINHO. *Sermo* 71, c. 19, n. 32. [s. l.], [s. d.].
SANTO TOMÁS DE AQUINO. *Summa Theologica*. [s. l.], [s. d.].
SESBOÜE, B. *N'ayez pas peur! Regards sur l'Église et les ministères aujourd'hui*. Paris: Desclée de Brouwer, 1996.
SPADARO, A.; GALLI, C. M. (eds.). *La riforma e le riforme nella Chiesa*. Brescia: Queriniana, 2016.
TAYLOR, Ch. *Uma era secular*. São Leopoldo: Unisinos, 2010.
TILLICH, P. *Christianity and the Encounter of World Religions*. Minneapolis: Fortress Press, 1994.
THOMASSET, A. *Interpréter et agir. Jalons pour une éthique chrétienne*. Paris: Cerf, 2011.
THÜSING, W. Dienstfunktion und Vollmacht kirchlicher Ämter nach dem Neuen Testament. In: WEBER, W. (Hg.). *Macht, Dienst, Herrschaft in Kirche und Gesellschaft*. Freiburg: Herder, 1974.
TURBANTI, G. Knotenpunkte der Rezeption von *Gaudium et Spes* und *Apostolicam Actuositatem*. Theologische Forschungsaufgaben. In: HÜNERMANN, P. *Das Zweite Vatikanische Konzil und die Zeichen der Zeit heute*. Freiburg: Herder, 2006.
VALADIER, P. *Du Spirituel en Politique*. Paris: Bayard, 2008.
VARILLON, F. *Un chrétien devant les grandes religions*. Paris: Bayard/Centurion, 1995.
VATICANO II. *Constituição Conciliar Sacrosanctum Concilium. Sobre a sagrada liturgia*. 11. ed. São Paulo: Paulinas, 2022. (A Voz do Papa, n. 26).
_____. *Constituição Dogmática Dei Verbum. Sobre a Revelação Divina*. São Paulo: Paulinas, 2011. (A Voz do Papa, n. 37).
_____. *Constituição Dogmática Lumen Gentium. Sobre A Igreja*. São Paulo: Paulinas, 2011. (A Voz do Papa, n. 31).
_____. *Constituição Pastoral Gaudium et Spes. Sobre a Igreja no mundo de hoje*. São Paulo: Paulinas, 2011. (A Voz do Papa, n. 41).
_____. *Decreto Ad Gentes. Sobre a atividade missionária da Igreja*. São Paulo: Paulinas, 2013. (A Voz do Papa, n. 42).
_____. *Decreto Apostolicam Actuositatem. Sobre o apostolado dos leigos*. São Paulo: Paulus, 2001.
WIJLENS, M. The Doctrine of the People of God and the hierarchical Authority as Service in Latin Church Legislation on the local Church. *The Jurist* 68 (2008) 328-349.
WOLFF, E. *Unitatis Redintegratio, Dignitatis Humanae, Nostra Aetate. Texto e comentário*. São Paulo: Paulinas, 2012.

Edições Loyola

editoração impressão acabamento
Rua 1822 n° 341 – Ipiranga
04216-000 São Paulo, SP
T 55 11 3385 8500/8501, 2063 4275
www.loyola.com.br